Birgit Rath-Israel

Outdoor-Maschen

Strickmode für Herbst & Winter

OZ creativ

Liebe Leserin, lieber Leser,

Um grauen Wintertagen schöne Seiten abzugewinnen, brauche ich kuschelige Merinowolle, flauschiges Mohair, weiches Alpaka und auch mal edles Kaschmir – allesamt tolle Garne, die zum Stricken einladen und aus denen sich wunderbar wärmende Maschenmode gestalten lässt. Das Ergebnis meiner winterlichen Nadelarbeit finden Sie in diesem Buch. Mäntel, Ponchos, Schulterwärmer und natürlich Mützen, Stulpen und Schals, die sich als perfekte Begleiter erweisen.

Wichtig war mir, einfache Modelle für Anfänger zu kreieren, aber auch dekorative Strukturen für Könner auszuwählen. So finden Sie schlichte Muster aus rechten und linken Maschen neben Aranstrukturen, Zöpfen und Ajourmustern, die schon etwas Übung erfordern. Auch sportliche Klassiker mit nordischen Jacquardmustern dürfen natürlich nicht fehlen.

Stricken ist kein Hexenwerk – übersichtliche Anleitungen machen das Nacharbeiten leicht. Stulpen, Mützen und Dreiecktuch sind schon an einem Wochenende fertig. Wer mehr Geduld hat, wagt sich an das Plaid oder den Kapuzenmantel. Der Erfolg macht die Mühe wett.

Ich wünsche Ihnen viel Spaß beim Stricken – kommen Sie wohlig warm durch den nächsten Winter!

Ihre

Birgit Rath-Israel

Inhalt

Schwierigkeitsgrade der Modelle

- ● = einfach und schnell
- ●● = mit geringem Aufwand
- ●●● = etwas aufwändiger
- ●●●● = für Könner

Macht Lust auf den Winter

Taschenschal und Mütze mit Eissternen · Größe Schal: 20 x 175 cm; Mütze: Einheitsgröße · Schwierigkeitsgrad ●●●

Hinterm Ofen hocken gilt nicht! Mit Mütze und praktischem Taschenschal gibt es keine Ausrede mehr, sich vor der Kälte zu verstecken. Beide Teile aus weicher Merinowolle halten schön warm und sehen mit den Eissternmotiven sportlich schick aus.

Material

- Stärkeres Merinomischgarn (60 % Merinowolle, 40 % Polyacryl, Lauflänge 85 m/50 g): 200 g Beige, 150 g Braun und 50 g Rost für den Schal; 100 g Beige und je 50 g oder Reste in Braun und Rost für die Mütze
- Stricknadeln Nr. 4,5 und 5
- Häkelnadel Nr. 4,5
- Rundstricknadel Nr. 5, kurz
- Nadelspiel Nr. 5

Muster

Glatt rechts in Reihen: Hinreihe rechte Maschen, Rückreihe linke Maschen; **in Runden:** Stets rechte Maschen stricken.

Eissternmuster: Laut Zählmuster auf Seite 8 glatt rechts in Norwegertechnik arbeiten, dabei den unbenutzten Faden auf der Rückseite der Arbeit locker weiterführen. Gezeichnet sind Hin- und Rückreihen bzw. alle Runden. Für den Taschenschal mit 1 Randmasche und den Maschen vor dem Mustersatz beginnen, den Mustersatz 1 x arbeiten, mit den Maschen nach dem Mustersatz und 1 Randmasche enden. Die 1.–26. Reihe 1 x stricken, dann die 1.–6. Reihe noch 1 x wiederholen. Für die Mütze nur den Mustersatz 4 x arbeiten und die 1.–26. Runde 1 x stricken.

Strukturmuster: Maschenzahl teilbar durch 6 + 2 + 2 Randmaschen. Laut Strickschrift auf Seite 8 in Reihen arbeiten. Gezeichnet sind die Rückreihen. In den Hinreihen alle Maschen rechts stricken. Mit 1 Randmasche beginnen, den Mustersatz stets wiederholen (Strickschrift von links nach rechts lesen), mit den Maschen nach dem Mustersatz und 1 Randmasche enden. Die 1.–8. Reihe stets wiederholen.

Streifenfolge: 68 Reihen Braun, 4 Reihen Beige, 12 Reihen Braun, 8 Reihen Beige, 8 Reihen Braun, 12 Reihen Beige, je 4 Reihen Braun, Beige und Rost, 60 Reihen Beige, je 4 Reihen Rost und Beige, 12 Reihen Braun = Mitte, ab hier die Streifenfolge noch einmal gegengleich (rückwärts) arbeiten, mit 12 Reihen Braun beginnen.

Rippenmuster: 1 Masche rechts, 1 Masche links im Wechsel.

Maschenproben

Im Eissternmuster mit Nadeln Nr. 5: 18 Maschen und 23 Reihen = 10 x 10 cm

Glatt rechts mit Nadeln Nr. 4,5: 18 Maschen und 23 Reihen = 10 x 10 cm

Im Strukturmuster mit Nadeln Nr. 5: 17 Maschen und 29 Reihen = 10 x 10 cm

So wird's gemacht

Taschenschal

Für die Vorderseite der Tasche 33 Maschen in Beige mit Nadeln Nr. 5 anschlagen und 1 Rückreihe rechte Maschen stricken. Dann 2 Reihen glatt rechts in Beige, 32 Reihen Eissternmuster und 2 Reihen glatt rechts in Beige stricken. Nach 16 cm = 37 Reihen ab Anschlag die Maschen stilllegen. Für die Rückseite 33 Maschen in Beige mit Nadeln Nr. 4,5 anschlagen, 1 Rückreihe rechte Maschen und 36 Reihen glatt rechts in Beige stricken; die Maschen stilllegen. Die Rückseite links auf links auf die Vorderseite legen und je 1 Masche von beiden Teilen rechts zusammenstricken und abketten, bis

alle Maschen aufgebraucht sind. Die Abkettkante liegt auf der Außenseite! Innere Seitenkanten und Unterkanten beider Teile auf der Vorderseite mit 1 Reihe feste Maschen in Braun zusammenhäkeln, dann die Eingriffkanten einzeln mit 1 Reihe feste Maschen in Braun überhäkeln. Die zweite Tasche gegengleich arbeiten.

Für den Schal aus dem Abkettrand der ersten Tasche 34 Maschen in Braun mit Nadeln Nr. 5 auffassen und 1 Rückreihe rechte Maschen stricken. Dann im Strukturmuster in der Streifenfolge arbeiten. Nach 141 cm = 410 Reihen ab Auffassen alle Maschen rechts abketten.

Schalende an den Abkettrand der zweiten Tasche nähen. Die Längskanten des Schals in Braun mit festen Maschen überhäkeln, dabei Spann- bzw. Ansatzfäden der Farbstreifen mit überhäkeln.

Tipp: Damit sich die Kante beim Überhäkeln nicht zusammenzieht, bei Bedarf zwischen den festen Maschen 1 Luftmasche arbeiten.

Mütze

Für die linke Ohrenklappe 6 Maschen in Beige mit Nadeln Nr. 4,5 anschlagen und glatt rechts stricken, dabei ab Anschlag beidseitig in jeder 2. Reihe 3 x je 1 Masche zunehmen = 12 Maschen. Nach 8 cm = 18 Reihen ab Anschlag am rechten Rand 1 x 1, dann in jeder 2. Reihe 5 x je 1 Masche zunehmen, gleichzeitig am linken Rand 1 x 2 und in jeder 2. Reihe 5 x je 2 Maschen neu dazu anschlagen = 30 Maschen. Nach 13 cm = 30 Reihen ab Anschlag die Maschen stilllegen. Rechte Ohrenklappe gegengleich stricken.

Mit der kurzen Rundstricknadel in Beige 4 Maschen neu anschlagen, dann die Maschen der linken Ohrenklappe rechts aufstricken, 28 Maschen neu anschlagen, die Maschen der rechten Ohrenklappe rechts aufstricken und 4 Maschen neu anschlagen = 96 Maschen. Arbeit zur Runde schließen, dann 6 Runden im Rippenmuster, 2 Runden glatt rechts in Beige und 26 Runden im Eissternmuster stricken, danach glatt rechts in Beige weiterstricken. Gleichzeitig in der letzten Runde des Eissternmusters 6 x jede 16. Masche als Abnahmemasche markieren und die Abnahmemaschen mit der davorliegenden Masche rechts zusammenstricken = 90 Maschen. Diese Abnahmen noch 1 x in der folgenden 4. Runde, 2 x in jeder 2. Runde und 10 x in jeder Runde ausführen = 12 Maschen. In der folgenden Runde stets 2 Maschen rechts zusammenstricken. Die restlichen 6 Maschen mit doppeltem Arbeitsfaden zusammenziehen.

Fertigstellung: Unteren Mützenrand und Ohrenklappen mit 1 Runde feste Maschen in Braun umhäkeln. In die Spitzen der Ohrenklappen 1 Franse aus je 2 Fäden Rost, Braun und Beige knüpfen (siehe Seite 58).

Je eine Troddel in Braun, Beige und Rost anfertigen. Dafür jeweils 7 Fäden à 20 cm zuschneiden. Einen längeren Arbeitsfaden in entsprechender Farbe doppeln, die Mitte mit der Häkelnadel aufnehmen, um die Mitte der Troddelfäden mit 1 Kettmasche anschlingen und mit doppeltem Arbeitsfaden 12 Luftmaschen häkeln. Doppelten Faden durch die letzte Luftmasche ziehen. Die Troddelfäden am Ansatz der Luftmaschenkette 1 x verknoten. Troddeln in Mützenmitte annähen.

Eissternmuster

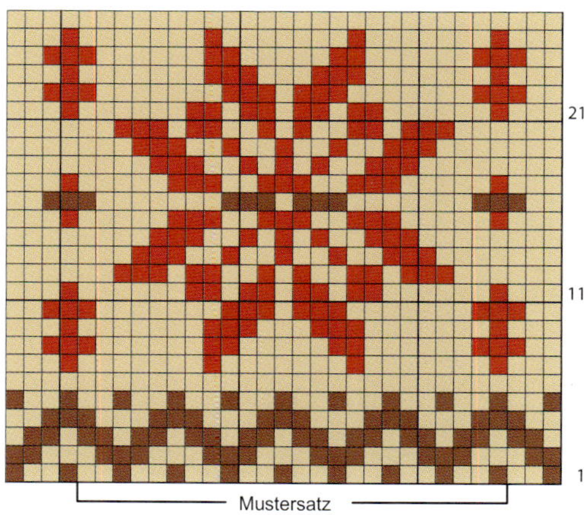

Zeichenerklärung:

- = 1 Masche in Beige
- = 1 Masche in Braun
- = 1 Masche in Rost

Strukturmuster

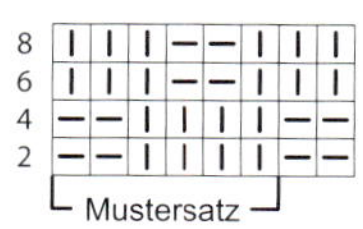

Zeichenerklärung:

- | = 1 Masche rechts
- – = 1 Masche links

Schnell & supereasy

Poncho in Orange meliert · Größe 36–40 (42–46) · Schwierigkeitsgrad ●

Ein dickes Garn in frecher Farbe, mehr braucht es manchmal nicht, um einen trendigen Poncho zu kreieren. Mit Nadeln 12 geht's schnell zum Ziel, denn es werden nur rechte und linke Maschen gestrickt – das schaffen selbst ungeübte Anfänger!

Material

- Dickes Synthetikgarn (100 % Polyacryl, Lauflänge 180 m/200 g): 800 (1000) g Orange-Gelb-Grün meliert
- Rundstricknadel Nr. 12, lang
- Häkelnadel Nr. 7
- 2 Knöpfe, 32 mm Ø

Muster

Minizopf (über 4 Maschen): Hinreihe: 1 Masche links, 2 Maschen verkreuzen (= die 2. Masche vor der 1. Masche rechts stricken, dann die 1. Masche rechts stricken), 1 Masche links. Rückreihe: 1 Masche rechts, 2 Maschen links, 1 Masche rechts.

Glatt rechts: Hinreihe rechte Maschen, Rückreihe linke Maschen.

Kraus rechts: In Hin- und Rückreihen stets rechte Maschen stricken.

Musterfolge: 14 (18) Reihen glatt rechts, 6 Reihen kraus rechts, * 16 Reihen glatt rechts, 4 Reihen kraus rechts, ab * noch 1 x wiederholen, 12 Reihen glatt rechts = 72 (76) Reihen.

Betonte Abnahme: Am Reihenanfang Randmasche, 4 Maschen Minizopf, dann 2 Maschen überzogen zusammenstricken (= 1 Masche rechts abheben, 1 Masche rechts stricken und die abgehobene Masche darüberziehen); am Reihenende vor der Randmasche 2 Maschen rechts zusammenstricken.

Maschenproben

Minizopf: 4 Maschen = 4 cm breit

In der Musterfolge: 7,5 Maschen und 12 Reihen = 10 x 10 cm

Kraus rechts: 7 Maschen und 16 Reihen = 10 x 10 cm

Hinweis: Um die Schultern beim Stricken zu entlasten, wird dieser Poncho in zwei Teilen auf der Rundstricknadel in Reihen gestrickt.

So wird's gemacht

Linkes Ponchoteil: 78 (82) Maschen anschlagen und 1 Rückreihe rechte Maschen stricken. Dann in folgender Mascheneinteilung stricken: Randmasche, 4 Maschen Minizopf, 72 (76) Maschen Musterfolge, Randmasche. Die Randmaschen sind im Schnitt nicht berücksichtigt. Zur Formgebung nach 5 cm = 6 Reihen Musterfolge beidseitig 1 x 1 Masche betont abnehmen, dann 13 x in jeder 4. Reihe und 6 (8) x in jeder 2. Reihe je 1 Masche betont abnehmen. Nach 60 cm = 72 Reihen (63,5 cm = 76 Reihen) Musterfolge die restlichen 38 Maschen stilllegen.

Rechtes Ponchoteil: Ebenso arbeiten.

Fertigstellung: Rückwärtige Naht schließen, der Minizopf bildet die Mitte. Die stillgelegten Maschen beider Teile rechts aufstricken = 1. Reihe, dabei nach den ersten 5 Maschen gleichmäßig verteilt 11 x 2 Maschen rechts zusammenstricken und am Reihenende für die Knopfleiste 5 Maschen neu dazu anschlagen = 70 Maschen. Kraus rechts weiterstricken. Zur Formgebung 3 x in jeder folgenden Hinreihe gleichmäßig verteilt je 6 Maschen abnehmen, dabei über den ersten und letzten 5 Maschen keine Abnahmen ausführen = 52 Maschen. Gleichzeitig in der 7. Reihe (= Hinreihe) für das erste Knopfloch 3 Maschen ab Rand 1 Umschlag arbeiten und 2 Maschen rechts zusammenstricken. Für die Weite in der 13. Reihe über den mittleren 42 Maschen gleichmäßig verteilt 10 Maschen zunehmen = 62 Maschen. In der 15. Reihe ein weiteres Knopfloch über dem ersten arbeiten. In der 21. Reihe über den mittleren 52 Maschen gleichmäßig verteilt 7 Maschen zunehmen = 69 Maschen. In der 32. Reihe alle Maschen rechts abketten.

Vordere Naht schließen. Die Anschlagkante der Knopfleiste innen über dem Minizopf annähen. Knöpfe auf die Kragenunterseite nähen. In die Minizöpfe je 1 Franse, dazwischen in die unteren Ponchokanten gleichmäßig verteilt jeweils 18 Fransen knüpfen. Für jede Franse 3 Fäden à 40 cm zuschneiden, doppeln und mit der Häkelnadel einknoten (siehe auch Seite 58).

Schnitt

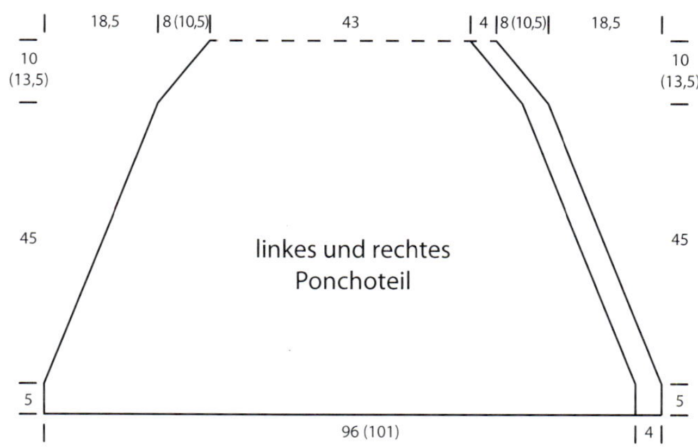

Farbe gegen Wintergrau

Kapuzenkragen und Pulswärmer • Einheitsgröße, Umfang Kapuzenkragen ca. 85 cm • Schwierigkeitsgrad ● ●

Knackiges Orange mischt die Streifenfolge aus Petrol und Türkis auf – ein Hingucker bei Kapuzenschal und Pulswärmern aus weichem Bouclégarn. Für die perfekte Passform wird der Kapuzenschal mit verkürzten Reihen gestrickt, das ist einfacher, als viele annehmen.

Material

- Bouclégarn (86 % Alpaka, 13 % Polyamid, 1 % Elastan, Lauflänge 150 m/50 g): je 100 g Türkis und Petrol sowie 50 g Orange
- Rundstricknadel Nr. 6, lang
- Stricknadeln Nr. 5
- Häkelnadel Nr. 5
- 6 kleine und 2 große Knöpfe in Türkis

Muster

Glatt rechts in Reihen: Hinreihe rechte Maschen, Rückreihe linke Maschen; in Runden: Stets rechte Maschen stricken.

Achtung: Beim Kapuzenkragen wird mit verkürzten Runden/Reihen gestrickt. Dabei jeweils vor den stillzulegenden Maschen wenden, nach dem Wenden mit der rechten Nadel 1 Wendeumschlag aufnehmen und zurückstricken (siehe Grundkurs Stricken). Die Umschläge beim Überstricken mit der nachfolgenden bzw. davorliegenden Masche wie beschrieben zusammenstricken, damit keine Löcher entstehen.

Rippenmuster: 1 Masche rechts, 1 Masche links im Wechsel.

Streifenfolge: je 4 Runden Petrol, Türkis, Petrol, Türkis, Petrol, Orange, Petrol.

Maschenprobe

Glatt rechts mit Nadel Nr. 6: 14 Maschen und 25 Runden/Reihen = 10 x 10 cm

So wird's gemacht

Kapuzenkragen

120 Maschen mit der Rundstricknadel in Petrol anschlagen, Arbeit zur Runde schließen und für die Blende 0,5 cm = 2 Runden linke Maschen stricken. Rundenbeginn = vordere Mitte. Glatt rechts mit verkürzten Runden/Reihen wie folgt stricken: * 110 Maschen rechts, wenden, 1 Wendeumschlag auf die rechte Nadel nehmen, 100 Maschen links, wenden, 1 Wendeumschlag, 80 Maschen rechts, wenden, 1 Wendeumschlag, 60 Maschen links, wenden, 1 Wendeumschlag, 90 Maschen (= bis zum Rundenende) rechts, dabei die Wendeumschläge mit der folgenden Masche rechts zusammenstricken, danach über alle 120 Maschen 1 Runde rechts stricken, dabei die übrigen Wendeumschläge mit der davorliegenden Masche wie folgt zusammenstricken: Masche und Umschlag nacheinander rechts abheben, zurück auf die linke Nadel legen und rechts verschränkt zusammenstricken. Den Rapport ab * noch 18 x wiederholen, dabei in folgenden Farben arbeiten: je 1 Rapport in Türkis, Petrol, Türkis, Petrol, 7 Rapporte in Türkis, je 1 Rapport in Petrol, Türkis, Petrol, Türkis, Petrol, Orange, Petrol. In jedem Rapport werden in der vorderen Mitte 2 Runden, in der rückwärtigen Mitte 6 Runden/Reihen gearbeitet. Nach 45,5 cm = 114 Runden/Reihen bzw. 19 Rapporten ab Blende (in der rückwärtigen Mitte gemessen) noch 0,5 cm = 2 Runden linke Maschen in Petrol stricken, dann alle Maschen rechts abketten.

Tipp: Für eine bessere Übersicht beim Stricken den Rundenbeginn sowie die Wendepunkte mit Markierungsringen oder kontrastfarbenen Fäden kennzeichnen.

Fertigstellung: Beidseitig ca. 12 cm ab vorderer Mitte jeweils einen großen Knopf auf den 10. Rapportstreifen nähen. Für die Schlaufe mit doppeltem Faden in Orange 24 Luftmaschen anschlagen und mit 1 Kettmasche zum Ring schließen. Nach Belieben beim Tragen den Kapuzenkragen in der vorderen Mitte raffen und die Schlaufe zum Fixieren über die Knöpfe ziehen.

Pulswärmer

34 Maschen in Petrol mit Nadeln Nr. 5 anschlagen und 1 Rückreihe rechte Maschen stricken. Dann 11 cm = 28 Reihen im Rippenmuster in der Streifenfolge arbeiten, danach alle Maschen in Petrol links abketten.

Fertigstellung: Schmalkanten ca. 1 cm überlappend (Anprobe) für den linken Pulswärmer rechts über links, für den rechten Pulswärmer links über rechts legen und annähen. Je einen kleinen Knopf knappkantig auf die türkisfarbenen und den orangefarbenen Streifen nähen.

Schnitt

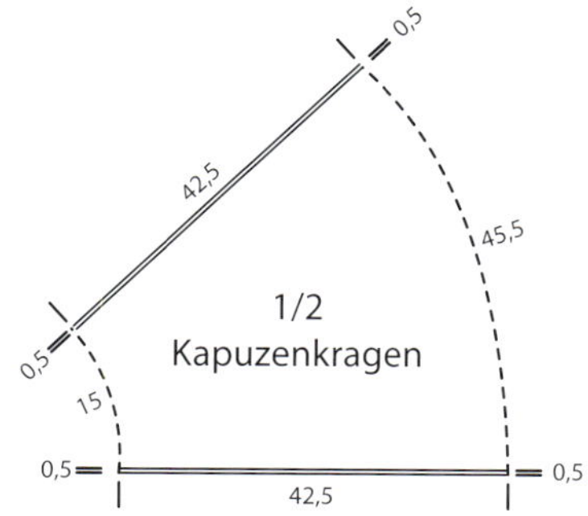

Blickfang in der City

Mantelstola und Mütze mit Wellenmuster · Größe Stola: 52 x 167 cm; Mütze: 50–54 cm Kopfumfang · Schwierigkeitsgrad ● ●

Dieses Muster schlägt „hohe" Wellen – und das gleich in drei Farben. Kein Wunder, dass die Stola mit passender Mütze beim Stadtbummel alle Blicke auf sich zieht. Das Garn aus Merinowolle und Kaschmir ist wunderbar weich und lässt sich mit Nadeln 7 flott verstricken.

Material

- Stärkere Merino-Kaschmirwolle (80 % Merinowolle 20 % Kaschmir, Lauflänge 90 m/50 g): 250 g Anthrazit, 200 g Türkis und je 100 g Lila und Bordeaux für die Stola; 50 g Anthrazit und Reste in Türkis und wahlweise Lila oder Bordeaux für die Mütze
- Stricknadeln Nr. 7
- Nadelspiel Nr. 7
- Häkelnadel Nr. 5

Muster

Kraus rechts: Hin- und Rückreihe rechte Maschen.

Wellenmuster: Maschenzahl teilbar durch 10 + 1 + 2 Randmaschen. Laut Strickschrift auf Seite 18 arbeiten. Gezeichnet sind die Hinreihen. In der 2. und 4. Rückreihe alle Maschen rechts stricken, in den übrigen Rückreihen die Maschen und Umschläge links stricken. Mit 1 Randmasche und der Masche vor dem Mustersatz beginnen, den Mustersatz stets wiederholen, mit 1 Randmasche enden. Die 1.–12. Reihe stets wiederholen, dabei die 1.–4. Reihe stets in Anthrazit, die 5.–12. Reihe laut Farbfolge stricken.

Farbfolge A (Stola): je 8 Reihen in * Lila, Türkis, Bordeaux, Türkis, ab * stets wiederholen.

Farbfolge B (Mütze): je 8 Reihen in Türkis und Lila (oder Bordeaux).

Glatt rechts in Runden: Stets rechte Maschen stricken.

Maschenprobe

Im Wellenmuster: 15 Maschen und 24 Reihen = 10 x 10 cm

So wird's gemacht

Stola

73 Maschen in Anthrazit anschlagen und 1 Rückreihe rechte Maschen stricken; diese Reihe ist in den nachfolgenden Angaben nicht berücksichtigt. Dann im Wellenmuster mit Farbfolge A stricken, dabei den anthrazit- und türkisfarbenen Arbeitsfaden jeweils zum nächsten Farbstreifen hochnehmen, den lila- und bordeauxfarbenen Arbeitsfaden nach jedem Farbstreifen abschneiden. Nach 167 cm = 400 Reihen ab Anschlag (= 33 Farbstreifen + 4 Reihen kraus rechts) alle Maschen in Anthrazit rechts abketten.

Fertigstellung: Lila- und bordeauxfarbene Anfangsfäden vernähen. Die Längskanten mit 1,5 cm = 2 Reihen feste Maschen in Anthrazit überhäkeln, dabei die anthrazit- und türkisfarbenen Spannfäden sowie die lila- und bordeauxfarbenen Endfäden mit in die Häkelkante fassen.

Mütze

63 Maschen in Anthrazit anschlagen und 1 Rückreihe rechte Maschen stricken; diese Reihe ist in den nachfolgenden Angaben nicht berücksichtigt. Dann im Wellenmuster mit Farbfolge B stricken. Nach 11,5 cm = 28 Reihen ab Anschlag die Maschen gleichmäßig auf 4 Nadeln des Nadelspiels verteilen, Arbeit zur Runde schließen und glatt rechts in Anthrazit weiterstricken, dabei in der 1. Runde gleichmäßig verteilt 3 Maschen abnehmen = 60 Maschen. In der 4. Runde ab Wellenmuster jede 10. Masche als Abnahmemasche markieren, dann jede Abnahmemasche mit der davorliegenden Masche rechts zusammenstricken = 54 Maschen. Diese Abnahmen noch 1 x in der folgenden 4. Runde, 3 x in jeder 2. Runde und 4 x in jeder Runde wiederholen. Die restlichen 6 Maschen mit dem Arbeitsfaden zusammenziehen. Naht im Wellenmuster schließen.

Wellenmuster

I	I	I	I	U	↑	U	I	I	I	I	11
I	I	I	U	I	↑	I	U	I	I	I	9
I	I	U	I	I	↑	I	I	U	I	I	7
I	U	I	I	I	↑	I	I	I	U	I	5
×	×	×	×	×	×	×	×	×	×	×	3
×	×	×	×	×	×	×	×	×	×	×	1

Mustersatz

Zeichenerklärung:

× = 1 Masche kraus rechts

I = 1 Masche rechts

U = 1 Umschlag

↑ = 1 Masche links abheben, 2 Maschen rechts zusammenstricken und die abgehobene Masche darüberziehen

Softes Garn, starke Farbe

Zipfeljacke in Pink · Größe 36–40 (44–48) · Schwierigkeitsgrad ●●

Die weiche Flauschjacke mit Rippenblenden lässt sich offen und „zipfelig", zusammengesteckt oder mit überschlagenen Vorderteilen in Wickelform tragen. So kaschiert sie auch Pölsterchen an Taille und Hüfte. Eine lose Schließe hilft beim Variieren.

Material

- Flauschgarn (51 % Merinowolle, 27 % Polyamid, 22 % Baby-Alpaka, Lauflänge 150 m/50 g): 450 (550) g Pink
- Stricknadeln Nr. 6
- Rundstricknadel Nr. 6, lang
- eine lose Schließe

Muster

Rippenmuster: Hinreihe: * 1 Masche rechts, 2 Maschen links, 1 Masche rechts, ab * stets wiederholen. Rückreihe: Die Maschen stricken, wie sie erscheinen.

Dreieckmuster: Maschenzahl teilbar durch 12 + 2 Randmaschen. Laut Strickschrift auf Seite 20 arbeiten. Gezeichnet sind die Hinreihen. In den Rückreihen alle Maschen stricken, wie sie erscheinen, Umschläge rechts verschränkt stricken. Den Mustersatz zwischen den Randmaschen und die 1.–12. Reihe stets wiederholen.

Maschenproben

Im Rippenmuster (leicht gedehnt gemessen): 16 Maschen und 22 Reihen = 10 x 10 cm

Im Dreieckmuster: 15 Maschen und 21 Reihen = 10 x 10 cm

So wird's gemacht

Rückenteil: 74 (86) Maschen anschlagen und für den Bund zwischen den Randmaschen 14,5 cm = 32 Reihen im Rippenmuster stricken. Dann im Dreieckmuster weiterstricken. Für die Armausschnitte nach 28,5 cm = 60 Reihen (29,5 cm = 62 Reihen) ab Bund beidseitig 1 x 1 Masche abketten, dann in jeder 2. Reihe 5 x je 1 Masche mustergemäß abnehmen = 62 (74) Maschen. Für die obere Armausschnittrundung nach 45,5 cm = 96 Reihen (50,5 cm = 106 Reihen) ab Bund beidseitig 1 x 1 Masche, dann 5 x in jeder 2. Reihe je 1 Masche mustergemäß zunehmen = 74 (86) Maschen. Nach 51,5 cm = 108 Reihen (56,5 cm = 118 Reihen) ab Bund alle Maschen stilllegen.

Linkes Vorderteil: 83 (95) Maschen anschlagen und für den Bund 14,5 cm = 32 Reihen im Rippenmuster stricken, dabei zwischen den Randmaschen mit 1 Masche rechts beginnen und mit 2 Maschen rechts enden. Dann in folgender Mascheneinteilung weiterstricken: Randmasche, 60 (72) Maschen Dreieckmuster, 21 Maschen Rippenmuster fortführen, Randmasche. Den Armausschnitt am rechten Rand wie beim Rückenteil arbeiten. In Rückenteilhöhe die 83 (95) Maschen stilllegen.

Rechtes Vorderteil: Gegengleich stricken.

Ärmel: 46 (54) Maschen anschlagen und für den Bund 14,5 cm = 32 Reihen im Rippenmuster stricken, dabei für Größe 36–40 nach der Randmasche mit 1 Masche links und 1 Masche rechts beginnen. Den Mustersatz stets wiederholen, mit 1 Masche rechts, 1 Masche links und der Randmasche enden. Gleichzeitig ab Anschlag beidseitig 2 x in jeder 16. Reihe (4 x in jeder 8. Reihe) je 1 Masche mustergemäß zunehmen = 50 (62) Maschen. Dann im Dreieckmuster weiterstricken. Für die Ärmelschrägungen ab

Bund beidseitig 2 x in jeder 10. Reihe und 4 x in jeder 8. Reihe je 1 Masche mustergemäß zunehmen = 62 (74) Maschen.

Für die Armkugel nach 28,5 cm = 60 Reihen ab Bund beidseitig 1 x 1 Masche, dann in jeder 2. Reihe 5 x je 1, in jeder 4. Reihe 3 x je 1 und wieder in jeder 2. Reihe 1 x 1, 3 x je 2 und 1 x 3 Maschen abketten. Nach 45 cm = 94 Reihen ab Bund die restlichen 24 (36) Maschen rechts abketten.

Fertigstellung: Für den Kragen die stillgelegten Maschen von rechtem Vorderteil, Rückenteil und linkem Vorderteil nacheinander auf die Rundstricknadel nehmen und über alle 240 (276) Maschen im Rippenmuster weiterstricken, dabei die Rippen aus den Vorderteilblenden fortführen und in der 1. Reihe die inneren Randmaschen jeweils mit der davorliegenden bzw. nachfolgenden Masche mustergemäß zusammenstricken = 236 (272) Maschen. Nach 21 cm Kragenhöhe alle Maschen abketten, wie sie erscheinen.

Ärmel einsetzen. Seiten- und Ärmelnähte schließen. Beim Tragen die Vorderteile rechts über links schlagen und mit der Schließe feststecken oder die Vorderteile als Zipfel hängen lassen.

Schnitt

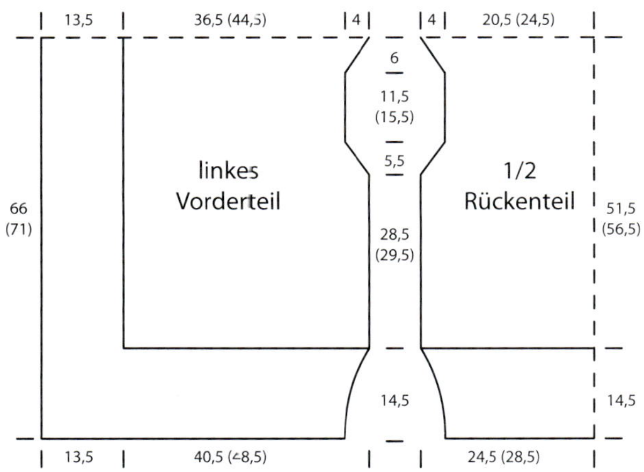

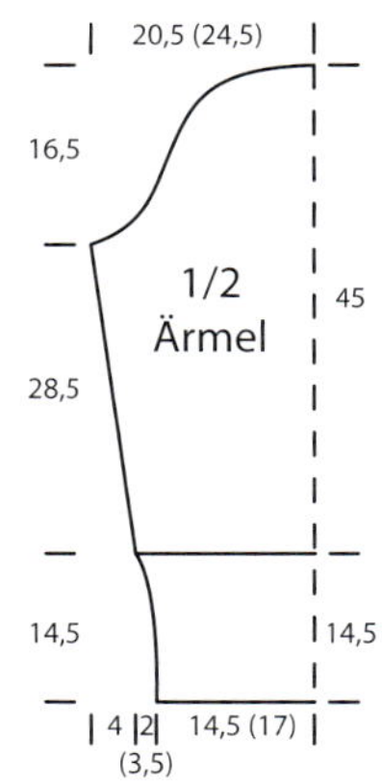

Dreieckmuster

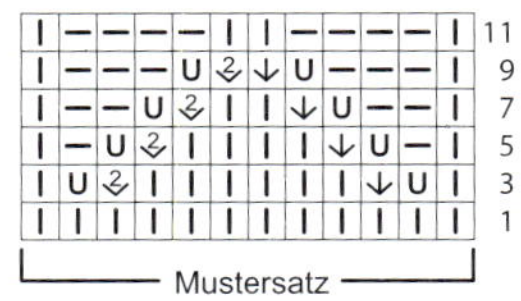

Zeichenerklärung:

I = 1 Masche rechts

– = 1 Masche links

U = 1 Umschlag

⤓ = 2 Maschen rechts zusammenstricken

↓ = 1 Überzug: 1 Masche rechts abheben, 1 Masche rechts stricken und die abgehobene Masche darüberziehen

Mustergültig!

Plaid in Grau • Größe 122 cm breit, 80 cm Saum bis Schulterlinie • Schwierigkeitsgrad ●●●●

Schnell mal überwerfen oder richtig einmuckeln? Das Plaid mit Kragen und Knopfverschluss hält mollig warm, wenn die Temperaturen sinken. Aufgepasst: Das dekorative Rhombenmuster ist eine Herausforderung für Maschenkünstler.

Material

- Mittelstarkes, leicht flauschiges Schurwollmischgarn (40 % Schurwolle, 56 % Polyacryl, 4 % Seide. Lauflänge 115 m/50 g): 1000 g Hellgrau-Tweed
- Rundstricknadel Nr. 6, lang
- Zopfnadel
- Häkelnadel Nr. 6
- 2 Knöpfe, 6 cm Ø

Muster

Glatt links: Hinreihe linke Maschen, Rückreihe rechte Maschen.

Kästchenmuster: Maschenzahl teilbar durch 6 + 4. Laut Strickschrift auf Seite 25 arbeiten. Gezeichnet sind die Hinreihen. In den Rückreihen alle Maschen stricken, wie sie erscheinen. Den Mustersatz stets wiederholen, mit den Maschen nach dem Mustersatz enden. Die 1.–8. Reihe stets wiederholen.

Rhombenmuster (über 38 Maschen): Laut Strickschrift auf Seite 25 arbeiten. Gezeichnet sind die Hinreihen. In den Rückreihen alle Maschen stricken, wie sie erscheinen, verkreuzte Maschen stricken, wie in der Zeichenerklärung angegeben. Die 1.–70. Reihe 1 x stricken, dann die 19.–70. Reihe stets wiederholen.

Rippenmuster: Nach der Maschenaufnahme mit 1 Rückreihe beginnen: 2 Maschen links, 2 Maschen rechts im Wechsel, enden mit 2 Maschen links. In den Hinreihen die Maschen stricken, wie sie erscheinen.

Kreuzanschlag: Der Anschlag wird mit doppeltem Faden ausgeführt. Dafür wird ein Zusatzfaden benötigt, der mindestens doppelt so lang sein muss, wie der Anschlagrand ausfallen soll. Zunächst die Anfangsschlinge arbeiten (siehe auch Seite 54). Dafür die Mitte des Zusatzfadens zusammen mit dem Knäuelfaden fassen und die Anfangsschlinge ausführen. Danach den vom Knäuel kommenden einfachen Faden normal um den Zeigefinger legen und unter den Fingern durchführen (= Zeigefingerfaden). Den doppelten Zusatzfaden von außen nach innen um den Daumen führen und mit dem Zeigefingerfaden unter den übrigen Fingern festhalten (= Daumenfaden). Nun die 1. Masche normal anschlagen, das heißt, die Nadel von außen nach innen um den Daumenfaden herumführen, den Zeigefingerfaden durchholen und die Masche anziehen. Für die 2. Masche den Daumenfaden loslassen und nun von innen nach außen um den Daumen herumlegen. Die Nadel unter dem innen liegenden Daumenfaden durchführen, den Zeigefingerfaden durchholen und die Masche anziehen. Diesen Wechsel stets wiederholen. Nach der Anschlagreihe immer eine Rückreihe linke Maschen stricken.

Maschenproben

Im Kästchenmuster: 16 Maschen und 22 Reihen = 10 x 10 cm

Im Rhombenmuster: 38 Maschen = 23 cm breit

Hinweis: Das Plaid wird über die Schultern hinweg in einem Stück und wegen der hohen Maschenzahl auf der Rundstricknadel in Reihen gestrickt.

So wird's gemacht

An der unteren Rückenteilkante beginnen. 196 Maschen im Kreuzanschlag anschlagen und nach der zugehörigen Rückreihe in folgender Mascheneinteilung stricken: Randmasche, 2 Maschen glatt links, 76 Maschen Kästchenmuster, 38 Maschen Rhombenmuster, 76 Maschen Kästchenmuster, 2 Maschen glatt links, Randmasche. Nach 80 cm = 176 Reihen ab Anschlag für die Schulterlinie 2 Reihen (= 21. und 22. Musterreihe) mustergemäß stricken, dabei in der 2. Reihe für den Halsausschnitt die mittleren 36 Maschen abketten und zunächst nur über die 80 Maschen für das rechte Vorderteil mustergemäß weiterstricken; letzte Masche am inneren Rand = Randmasche. Für die Ausschnittschrägung ab Schulterlinie in der folgenden Hinreihe am inneren Rand 1 x 2 Maschen neu dazu anschlagen, dann 17 x in jeder 2. Reihe je 1 Masche zunehmen = 99 Maschen. Gleichzeitig mit den Zunahmen das Rhombenmuster von der 1. bis zur 19. Masche neu aufbauen, dabei mit der 1. Zunahme in der 15. Reihe der Strickschrift beginnen. Nach 80 cm = 176 Reihen ab Schulterlinie die Maschen abketten, wie sie erscheinen. Linkes Vorderteil gegengleich stricken, dabei für das Rhombenmuster nach der Randmasche die letzten 19 Maschen der Strickschrift arbeiten.

Fertigstellung: Innenseite außen. Linke Vorderteilkante, Halsausschnitt und rechte Vorderteilkante mit 1 Rückreihe feste Maschen überhäkeln, dabei am rechten Vorderteil zwei

Schnitt

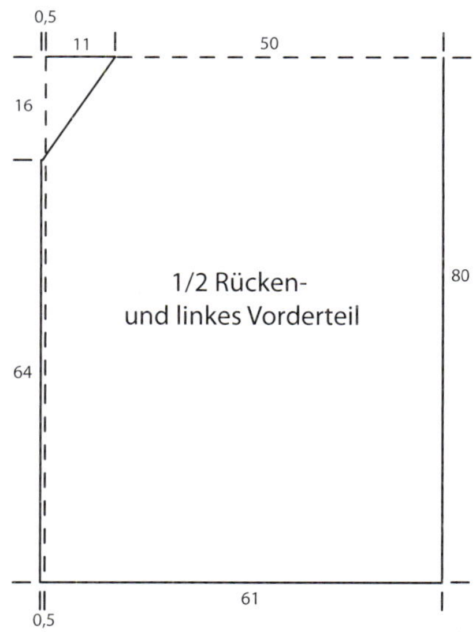

Knopfschlingen wie folgt arbeiten: Unterhalb der Ausschnittschrägung 7 feste Maschen und 8 Luftmaschen häkeln, wenden, 1 Kettmasche in die 1. feste Masche arbeiten, mit 1 Luftmasche wenden und den Luftmaschenbogen mit 10 festen Maschen überhäkeln, dann mit dem Überhäkeln der Kante fortfahren und die zweite Knopfschlinge 10 cm nach der ersten ebenso arbeiten. Für den Kragen aus der Häkelkante des Halsausschnitts von innen 80 Maschen auffassen und zwischen den Randmaschen im Rippenmuster stricken. Für die Weite in der 5. Kragenreihe (= Rückreihe) 19 x in jeder Rechtsrippe mittig 1 Masche rechts verschränkt aus dem Querfaden zunehmen = 99 Maschen. In der 21. Reihe in der 1. Rechtsrippe und 9 x in jeder folgenden 2. Rechtsrippe nach der 2. Masche 1 Masche rechts verschränkt zunehmen. In der 27. Reihe 9 x in den übrigen Rechtsrippen 1 Masche ebenso zunehmen = 118 Maschen. Nach 18 cm Kragenhöhe alle Maschen abketten, wie sie erscheinen. Knöpfe annähen.

Kästchenmuster

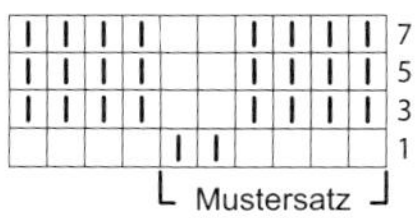

Rhombenmuster

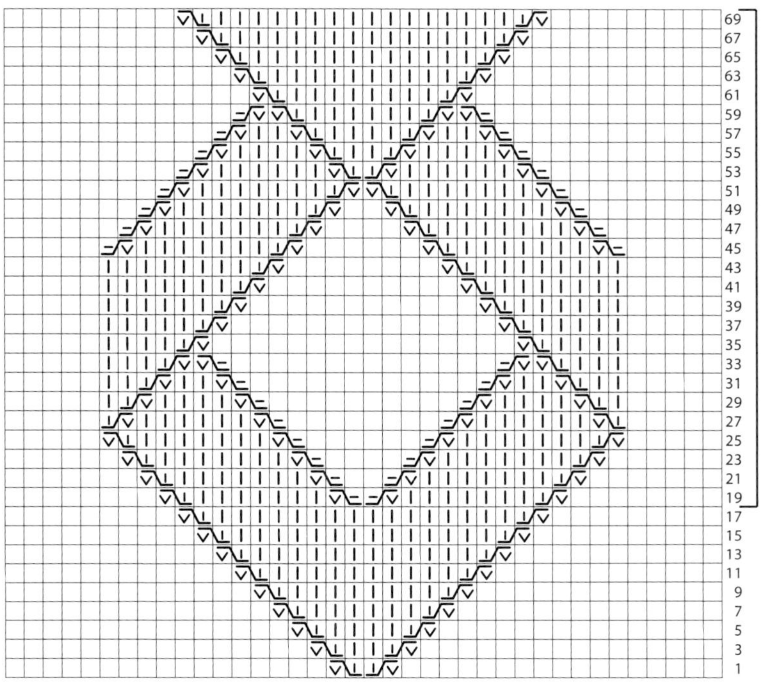

Zeichenerklärung:

= 1 Masche rechts

= 1 Masche links

= 2 Maschen nach rechts verkreuzen: 1 Masche auf die Zopfnadel hinter die Arbeit legen, 1 Masche rechts und die Masche der Zopfnadel rechts stricken; in der Rückreihe die 1. Masche links stricken, die 2. Masche links abheben, Faden vor der Masche weiterführen

= 2 Maschen nach links verkreuzen: 1 Masche auf die Zopfnadel vor die Arbeit legen, 1 Masche rechts und die Masche der Zopfnadel rechts stricken; in der Rückreihe die 1. Masche links abheben, Faden vor der Masche weiterführen, die 2. Masche links stricken

= 2 Maschen nach rechts versetzen: 1 Masche auf die Zopfnadel hinter die Arbeit legen, 1 Masche rechts und die Masche der Zopfnadel links stricken; in der Rückreihe die 1. Masche rechts stricken, die 2. Masche links abheben, Faden vor der Masche weiterführen

= 2 Maschen nach links versetzen: 1 Masche auf die Zopfnadel vor die Arbeit legen, 1 Masche links und die Masche der Zopfnadel rechts stricken; in der Rückreihe die 1. Masche links abheben, Faden vor der Masche weiterführen, die 2. Masche rechts stricken

Ein Hauch von Luxus

Dreiecktuch • Größe Schultertuch (abgebildet): 128 x 75 cm; Manteltuch: 154 x 90 cm • Schwierigkeitsgrad ●●●

Könnte ein Lieblingsstück werden: Das Dreiecktuch aus weicher Wolle mit Kid-Mohair ist ein echtes Leichtgewicht, denn es wiegt noch nicht mal 100 Gramm. Trotzdem hält es wunderbar warm und wirkt mit apartem Blattmuster und langen Fransen zart und feminin.

Material

- Mohairgarn (30 % Superkid Mohair, 30 % Schurwolle, 20 % Polyamid, 20 % Viskose, Lauflänge 155 m/50 g): 100 (150) g Lindgrün
- Stricknadeln Nr. 8
- Häkelnadel Nr. 5

Muster

Blattmuster: Beginn über 1 Masche + 2 Randmaschen. Laut Strickschrift arbeiten. Gezeichnet sind die Hinreihen. In den Rückreihen alle Maschen stricken, wie sie erscheinen, Umschläge links stricken. Die 1.–48. Reihe 1 x stricken, dabei wie gezeichnet zunehmen. Dann das Muster nach oben fortsetzen, dafür die 25.–48. Reihe stets wiederholen. Zugenommene Maschen mustergemäß stricken; so erweitert sich das Muster in 24 Reihen beidseitig um 1 Mustersatz.

Maschenprobe

Im Blattmuster: 11 Maschen und 16 Reihen = 10 x 10 cm

So wird's gemacht

3 Maschen anschlagen und im Blattmuster stricken. Nach 30 cm = 48 Reihen sind 57 Maschen erreicht. Nach 75 cm = 120 Reihen (oder wahlweise nach 90 cm = 144 Reihen) ab Anschlag alle 141 (169) Maschen abketten, wie sie erscheinen.

Fertigstellung: In die Spitze und an den schrägen Kanten in die „Blattfüße" Fransen einknüpfen. Für jede Franse 4 Fäden à 40 cm zuschneiden, doppeln und mit der Häkelnadel einknoten.

Blattmuster

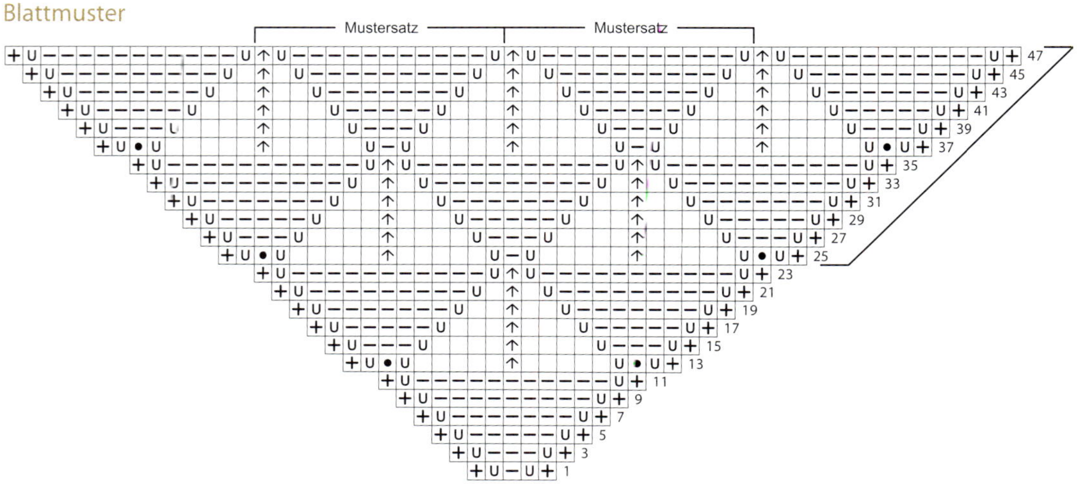

Zeichenerklärung:

[+] = 1 Randmasche

[–] = 1 Masche links

[ ] = 1 Masche rechts

[U] = 1 Umschlag

[•] = In den Umschlag der letzten Hinreihe einstechen und 1 Masche rechts herausstricken; in der folgenden Rückreihe die Masche rechts stricken

[↑] = 2 Maschen zusammen rechts abheben, 1 Masche rechts stricken und die abgehobenen Maschen darüberziehen

Allround-Talent

Pelerine · Einheitsgröße · Schwierigkeitsgrad ●

Der Schulterwärmer mit schlichten Rippenvariationen präsentiert sich hier als eleganter Begleiter zum Abendkleid. Dabei könnte er ebenso gut als Jackenüberwurf beim Spaziergang dienen – vor allem, wenn er mit Mütze und Armstulpen von Seite 39 kombiniert wird.

Material

- Dochtgarn (53 % Schurwolle, 47 % Polyacryl, Lauflänge 90 m/50 g): 250 g Rot bedruckt
- Rundstricknadel Nr. 7 und 8, lang
- Satinband in Weinrot, 10 mm breit, 140 cm lang

Muster

Rippenmuster A: Maschenzahl teilbar durch 5. 1. Runde: 1 Masche rechts, 4 Maschen links im Wechsel. 2. Runde: 1 tiefgestochene Masche (= 1 Masche rechts, dabei 1 Runde tiefer einstechen), 4 Maschen links im Wechsel. Die 1. und 2. Runde stets wiederholen.

Rippenmuster B: gerade Maschenzahl. Alle Runden: 1 Masche rechts, 1 Masche links im Wechsel.

Maschenproben

Im Rippenmuster A mit Nadel Nr. 8: 12 Maschen und 19 Runden = 10 x 10 cm

Im Rippenmuster B mit Nadel Nr. 7: 13 Maschen und 19 Runden = 10 x 10 cm

So wird's gemacht

140 Maschen mit Nadel Nr. 8 anschlagen, Arbeit zur Runde schließen und im Rippenmuster A stricken. Nach 14,5 cm = 28 Runden ab Anschlag 14 x je 1 Masche wie folgt abnehmen: In jeder 2. Linksrippe die mittleren 2 Maschen links zusammenstricken = 126 Maschen. Nach 21 cm = 40 Runden ab Anschlag in den übrigen Linksrippen die mittleren 2 Maschen links zusammenstricken = 112 Maschen. Nach 27,5 cm = 52 Runden ab Anschlag mit Nadeln Nr. 7 im Rippenmuster B weiterstricken. Für die Weite des Umschlags nach 9,5 cm = 18 Runden ab Musterwechsel wieder mit Nadeln Nr. 8 stricken, dabei in der 1. Runde 28 x je 1 Masche wie folgt zunehmen: Aus der 1. rechten Masche und 27 x aus jeder folgenden 2. rechten Masche jeweils 1 Masche rechts und 1 Masche rechts verschränkt herausstricken = 140 Maschen, dann 9 Runden mustergemäß stricken = * 2 Maschen rechts, 1 Masche links, 1 Masche rechts, 1 Masche links, ab * stets wiederholen. In der folgenden 10. Runde die Zunahmen bei allen übrigen rechten Maschen wiederholen = 168 Maschen, dann 9 Runden mustergemäß stricken = * 2 Maschen rechts, 1 Masche links, ab * stets wiederholen. Nach 47,5 cm = 90 Runden ab Anschlag alle Maschen abketten, wie sie erscheinen.

Das Satinband ab/bis vordere Mitte in die 18. Runde des Rippenmusters B einziehen und die Weite beim Tragen damit regulieren.

Schnitt

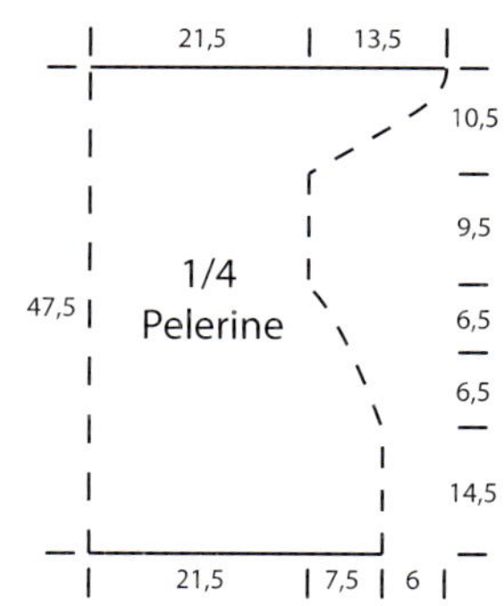

Konzerthaus

Accessoires zum Wohlfühlen

Overknees, Fäustlinge, Mütze · Größe Overknees: Umfang oberhalb Knie 40–42 cm; Fäustlinge: 4–6; Mütze: Einheitsgröße · Schwierigkeitsgrad ● ●

Die harmonische Melierung in Naturtönen setzt Overknees, Fäustlinge und Mütze in Szene, die Muster bleiben zurückhaltend. Gestrickt wird mit sechsfädigem Sockengarn, das in der Wellness-Variante mit Aloe Vera- und Jojobaöl-Ausrüstung erhältlich ist.

Material

- Sockengarn 6-fach (75 % Schurwolle superwash, 25 % Polyamid, Lauflänge 375 m/150 g): 300 g Braun-Beige-Natur bedruckt
- Nadelspiel Nr. 3,5
- Rundstricknadel Nr. 3,5, kurz

Muster

Rippenmuster: 2 Maschen rechts, 2 Maschen links im Wechsel (= Rippen 2/2). Mit den Zunahmen erweitern sich die Rippen.

Glatt rechts in Reihen: Hinreihe rechte Maschen, Rückreihe linke Maschen; **in Runden:** Stets rechte Maschen stricken.

Maschenproben

Im Rippenmuster (leicht gedehnt gemessen): 21 Maschen und 30 Reihen = 10 x 10 cm

Glatt rechts: 20 Maschen und 30 Reihen = 10 x 10 cm

So wird's gemacht

Overknees

48 Maschen anschlagen, gleichmäßig auf 4 Nadeln des Nadelspiels verteilen und Arbeit zur Runde schließen = 12 Maschen pro Nadel. Im Rippenmuster stricken. Nach 6 cm = 18 Runden ab Anschlag in jeder 2. Rechtsrippe mittig 1 Masche rechts verschränkt aus dem Querfaden zunehmen und mustergemäß stricken; diese Zunahmen nach weiteren 18 Runden in den übrigen Rechtsrippen ebenso arbeiten = 60 Maschen (= Rippen 3/2). Nach 20 cm = 60 Runden ab Anschlag in jeder 2. Linksrippe mittig 1 Masche links verschränkt aus dem Querfaden zunehmen; diese Zunahmen nach weiteren 24 Runden in den übrigen Linksrippen ebenso arbeiten = 72 Maschen (= Rippen 3/3). Nach 38 cm = 114 Runden ab Anschlag in jeder 2. Linksrippe nach der 2. Masche 1 Masche links verschränkt aus dem Querfaden zunehmen; diese Zunahmen nach weiteren 30 Runden in den übrigen Linksrippen ebenso arbeiten = 84 Maschen (= Rippen 3/4). Nach 60 cm = 180 Runden ab Anschlag alle Maschen abketten, wie sie erscheinen. Den zweiten Overknee ebenso stricken.

Fäustlinge

40 Maschen anschlagen, gleichmäßig auf 4 Nadeln des Nadelspiels verteilen und Arbeit zur Runde schließen = 10 Maschen pro Nadel; Rundenbeginn = Handkante. Für den Bund 6 cm = 18 Runden im Rippenmuster stricken, dann glatt rechts weiterarbeiten. Für den Daumenkeil in der 5. Runde ab Bund vor der letzten Masche der 2. Nadel und nach der 1. Masche der 3. Nadel je 1 Masche rechts verschränkt aus dem Querfaden zunehmen, dann 6 x in jeder 2. Runde vor der 1. Zunahme und nach der 2. Zunahme 1 Masche rechts verschränkt aus dem Querfaden zunehmen. Nach 6 cm = 18 Runden ab Bund die 16 Maschen für den Daumenkeil stilllegen und an dieser Stelle für den Daumensteg 2 Maschen neu anschlagen = 40 Maschen. Für die Spitze nach 15,5 cm = 46 Runden ab Bund wie folgt abnehmen: Auf der 1. und 3. Nadel jeweils die 2. und 3. Masche überzogen zusammenstricken (= 1 Masche rechts abheben, 1 Masche rechts stricken und die abgehobene Masche darüberziehen), gleichzeitig auf der 2. und 4. Nadel jeweils die zweit- und drittletzte Masche rechts zusammenstricken = 36 Maschen. Diese Abnahmen

noch 1 x in der folgenden 3. Runde, 3 x in jeder 2. Runde und 3 x in jeder Runde wiederholen. Die restlichen 8 Maschen mit doppeltem Arbeitsfaden zusammenziehen. Aus dem Daumensteg 4 Maschen auffassen, die 16 Daumenkeilmaschen dazunehmen und die 20 Maschen auf 3 Nadeln verteilen. Glatt rechts in Runden stricken, dabei in der 3. und 5. Runde jeweils die 1. Daumenstegmasche mit der Masche davor rechts zusammenstricken und die 4. Daumenstegmasche mit der folgenden Masche überzogen zusammenstricken = 16 Maschen. Nach 5 cm Daumenhöhe (Anprobe) stets 2 Maschen rechts zusammenstricken. Die restlichen 8 Maschen mit doppeltem Arbeitsfaden zusammenziehen. Den zweiten Fäustling ebenso arbeiten.

Mütze

Mit der Rundstricknadel 100 Maschen anschlagen, Arbeit zur Runde schließen und für den Bund 6 cm = 18 Runden im Rippenmuster stricken. Dann glatt rechts weiterstricken, dabei in der 1. Runde jede 5. Masche verdoppeln (= aus 1 Masche 1 Masche rechts und 1 Masche rechts verschränkt herausstricken) = 120 Maschen. Nach 15 cm ab Bund 20 x jede 5. und 6. Masche rechts zusammenstricken = 100 Maschen. In der folgenden 2. Runde 10 Maschen abnehmen, dafür * 8 Maschen rechts stricken, 2 Maschen rechts zusammenstricken, ab * noch 9 x wiederholen = 90 Maschen. Diese Abnahmen noch 6 x in jeder 2. Runde wiederholen, dabei in jeder Abnahmerunde vor den Abnahmen 1 Masche weniger rechts stricken = 30 Maschen. In der folgenden 2. Runde stets 2 Maschen rechts zusammenstricken. Die restlichen 15 Maschen mit doppeltem Arbeitsfaden zusammenziehen. Mützenhöhe ab Bund = 21 cm.

Nordisch inspiriert

Schulterwärmer und Stirnband · Größe Schulterwärmer: 34/36 (38/40) 42/44; Stirnband: Einheitsgröße · Schwierigkeitsgrad ●●●

Einfach hinreißend, diese nordische Kombination aus Schulterwärmer und Stirnband. Zur dekorativen Bordüre gesellen sich Zöpfe und Überzugmuster – alles zusammen ein klassischer Strickmix, der sowohl in der Stadt als auch auf der Piste für Furore sorgt.

Material

- Stärkeres Merinomischgarn (50 % Merinowolle, 50 % Polyacryl, Lauflänge 80 m/50 g): 200 (250) 300 g Natur, 100 (150) 150 g Kiesel, 50 (100) 100 g Braun und 50 g Rot für den Schulterwärmer; 50 g Natur und Reste in Kiesel, Braun und Rot für das Stirnband
- Rundstricknadel Nr. 5, kurz und lang
- Zopfnadel

Muster

Alle Muster in Runden stricken!

Rippenmuster: 1 Masche rechts, 1 Masche links im Wechsel.

Glatt rechts: Stets rechte Maschen stricken.

Norwegermuster: Maschenzahl teilbar durch 8. Laut Zählmuster auf Seite 34 glatt rechts in Norwegertechnik arbeiten, dabei den unbenutzten Faden stets locker auf der Rückseite der Arbeit weiterführen. Gezeichnet sind alle Runden. Den Mustersatz stets wiederholen. Die 1.–42. Runde 1 x stricken.

Kraus rechts: 1 Runde rechte Maschen, 1 Runde linke Maschen im Wechsel.

Überzugmuster: Maschenzahl teilbar durch 8 + 3. Laut Strickschrift auf Seite 34 arbeiten. Gezeichnet sind alle Runden. Den Mustersatz stets wiederholen, mit den Maschen nach dem Mustersatz enden. Die 1.–8. Runde stets wiederholen. Bei Abnahmen am Rand anstelle von unvollständigen Überzügen die Maschen rechts stricken.

Zopf (Beginn über 9 Maschen): Laut Strickschrift auf Seite 34 arbeiten, dabei in der 1. Runde 1 Masche zunehmen = 10 Maschen. Gezeichnet sind die ungeraden Runden. In den geraden Runden alle Maschen stricken, wie sie erscheinen. Die 1.–8. Runde 1 x stricken, dann die 5.–8. Runde stets wiederholen.

Maschenproben

Im Norwegermuster: 18 Maschen und 21 Runden = 10 x 10 cm

Kraus rechts: 17 Maschen und 6 Runden = 10 x 2,5 cm

Im Überzugmuster: 16 Maschen und 25 Runden = 10 x 10 cm

Zopf: 10 Maschen = 4 cm breit

So wird's gemacht

Schulterwärmer

200 (216) 232 Maschen in Kiesel mit der langen Rundstricknadel anschlagen, Arbeit zur Runde schließen und für den Bund 3 cm = 8 Runden im Rippenmuster stricken, dabei 2 Runden Kiesel, 4 Runden Natur und 2 Runden Braun arbeiten. Dann 20 cm = 42 Runden im Norwegermuster stricken, dabei in der letzten Runde gleichmäßig verteilt 10 Maschen abnehmen = 190 (206) 222 Maschen. Danach in Natur 1 Runde rechte Maschen stricken, dann 6 Runden kraus rechts arbeiten, dabei jeweils in der 1., 3. und 5. Runde gleichmäßig verteilt 10 Maschen abnehmen = 160 (176) 192 Maschen. Nach 23 cm = 49 Runden ab Bund in folgender Mascheneinteilung weiterstricken: 35 (43) 51 Maschen Überzugmuster (= Rückenteil), 9 Maschen Zopf, 27 Maschen Überzugmuster (= Schulter), 9 Maschen Zopf, 35 (43) 51 Maschen Überzugmuster (= Vorderteil), 9 Maschen Zopf, 27 Maschen Überzugmuster (= Schulter), 9 Maschen Zopf. Nach der 1. Runde sind wegen der Zunahmen in den Zöpfen 164 (180) 196 Maschen auf der Nadel.

Zur Formgebung über Rücken- und Vorderteil beidseitig 5 x in jeder 4. Runde, dann 10 (12) 14 x in jeder 2. Runde je 1 Masche abnehmen und über den Schultern beidseitig 4 x in jeder 8. Runde und 2 (3) 4 x in jeder 4. Runde je 1 Masche abnehmen, dafür jeweils die ersten 2 Maschen nach dem Zopf rechts zusammenstricken und die letzten 2 Maschen vor dem Zopf überzogen zusammenstricken (= 1 Masche rechts abheben, 1 Masche rechts stricken, dann die abgehobene Masche darüberziehen).

Nach 16 cm = 40 Runden (17,5 cm = 44 Runden) 19 cm = 48 Runden ab kraus rechts sind noch 80 (84) 88 Maschen auf der Nadel. Für die Blende 1 Runde rechte Maschen in Braun stricken, dabei über jedem Zopf mittig 2 Maschen rechts zusammenstricken = 76 (80) 84 Maschen, dann 7 Runden im Rippenmuster stricken, dabei 1 Runde Braun, 4 Runden Natur und 2 Runden Kiesel arbeiten. Danach alle Maschen in Kiesel abketten, wie sie erscheinen.

Stirnband

80 Maschen in Natur mit der kurzen Rundstricknadel anschlagen, Arbeit zur Runde schließen und wie folgt stricken: 3 Runden kraus rechts, dabei mit 1 Runde linke Maschen beginnen, 2 Runden glatt rechts, 1 x die 32.–42. Runde des Norwegermusters, 4 Runden kraus rechts in Natur, dabei mit 1 Runde rechte Maschen beginnen. Nach 7,5 cm = 20 Runden ab Anschlag alle Maschen in Natur rechts abketten.

Schnitt

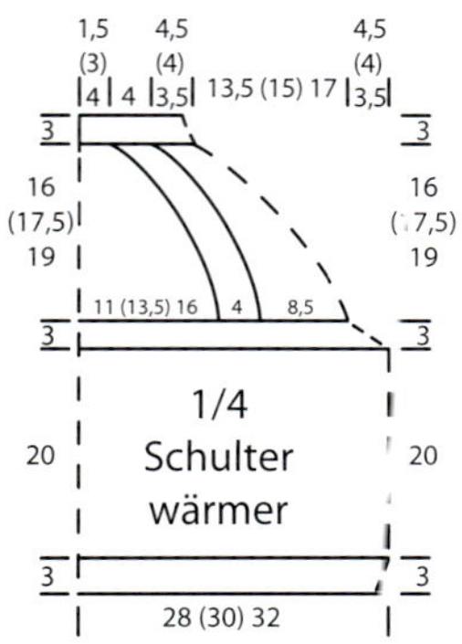

Überzugmuster

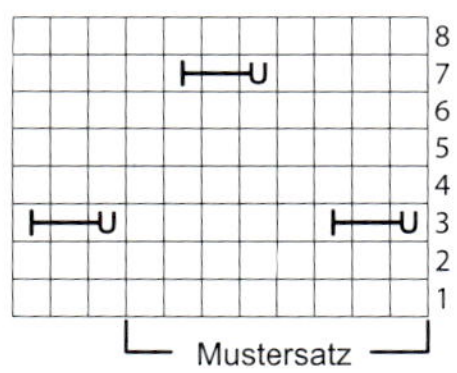

Zopf

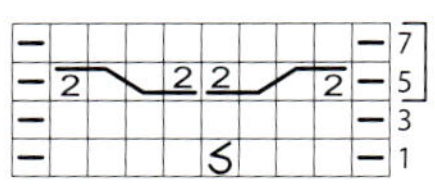

Zeichenerklärung:

= 1 Masche rechts

= 1 Masche links

= 1 Masche rechts verschränkt aus dem Querfaden zunehmen

= 1 Umschlag, 3 Maschen rechts stricken, dann den Umschlag über die 3 Maschen ziehen

= 4 Maschen nach rechts verkreuzen: 2 Maschen auf die Zopfnadel hinter die Arbeit legen, 2 Maschen rechts stricken, dann die Maschen der Zopfnadel rechts stricken

= 4 Maschen nach links verkreuzen: 2 Maschen auf die Zopfnadel vor die Arbeit legen, 2 Maschen rechts stricken, dann die Maschen der Zopfnadel rechts stricken

Norwegermuster

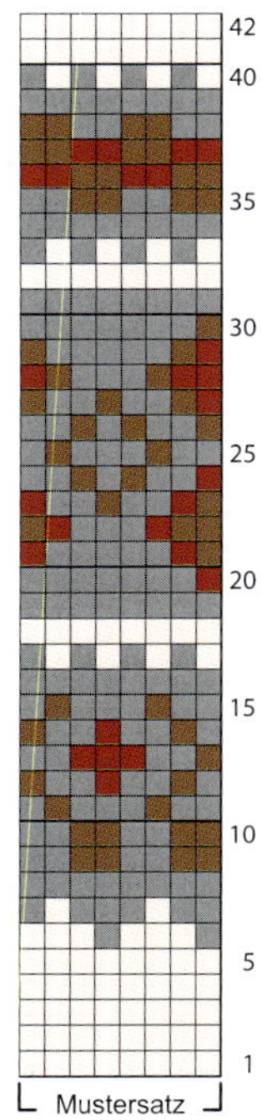

Zeichenerklärung:

= 1 Masche in Kiesel

= 1 Masche in Natur

= 1 Masche in Braun

= 1 Masche in Rot

Passt immer!

Ärmelponcho mit Schal im Karomuster • Größe Poncho: Einheitsgröße; Schal: 26 x 173 cm (ohne Fransen) • Schwierigkeitsgrad ●

Shoppen in der City, Spaziergang im Wald oder nur mal schnell zur Nachbarin rüber? Der verschlusslose Ärmelponcho sollte immer griffbereit liegen. Passend zu sportlichen wie schicken Outfits bietet er – mit langem Schal – schnellen Schutz gegen Kälte.

Material

- Bouclégarn (70 % Schurwolle, 25 % Polyacryl, 5 % Polyamid, Lauflänge 75 m/50 g): 600 g Kieselgrau meliert für den Poncho; 250 g Kieselgrau meliert für den Schal
- Rundstricknadel Nr. 7, lang
- Stricknadeln Nr. 7
- Häkelnadel Nr. 6

Muster

Kraus rechts: Hin- und Rückreihe rechte Maschen.

Glatt rechts: Hinreihe rechte Maschen, Rückreihe linke Maschen.

Glatt links: Hinreihe linke Maschen, Rückreihe rechte Maschen.

Karomuster: Maschenzahl teilbar durch 8 + 2 Randmaschen. 1.–14. Reihe: Randmasche, * 8 Maschen glatt rechts, 8 Maschen glatt links, ab * stets wiederholen, 8 Maschen glatt rechts, Randmasche. 15.–28. Reihe: Randmasche, * 8 Maschen glatt links, 8 Maschen glatt rechts, ab * stets wiederholen, 8 Maschen glatt links, Randmasche. Die 1.–28. Reihe stets wiederholen.

Maschenprobe

Im Karomuster: 10 Maschen und 17 Reihen = 10 x 10 cm

So wird's gemacht

Hinweis: Der Poncho wird von Ärmel zu Ärmel quer gestrickt. Pfeil im Schnitt = Strickrichtung. Um die Schultern beim Stricken zu entlasten, wird er auf der langen Rundstricknadel in Reihen gearbeitet.

Ärmelponcho

58 Maschen anschlagen und für die Blende 2,5 cm = 5 Reihen kraus rechts stricken, dabei mit 1 Rückreihe beginnen. Dann im Karomuster stricken. Für Rücken- und Vorderteil nach 8 cm = 14 Reihen ab Blende beidseitig 1 Masche, dann in jeder 2. Reihe 20 x je 1 Masche zunehmen und 1 x 3 Maschen neu dazu anschlagen und in das Karomuster einfügen = 106 Maschen. Für den Halsausschnitt nach 53 cm = 90 Reihen ab Blende die mittleren 4 Maschen abketten und beide Seiten getrennt weiterstricken. Für die Rundung am inneren Rand in der folgenden 2. Reihe 1 Masche abketten = 50 Maschen je Seite. Nach 62 cm = 105 Reihen ab Blende ist die Mitte erreicht. Den Poncho gegengleich beenden, dafür in der 28. Halsausschnittreihe 1 Masche zunehmen, nach 18 cm = 30 Reihen Halsausschnitthöhe in der Mitte 4 Maschen neu anschlagen und wieder über beide Seiten im Zusammenhang mustergemäß arbeiten.

Für die Ärmelschrägungen nach 91 cm = 154 Reihen ab Blende = 11 Karos in der Höhe beidseitig 1 x 3 Maschen abketten, dann 21 x in jeder 2. Reihe je 1 Masche abnehmen = 58 Maschen. Nach 124 cm = 210 Reihen ab Blende = 15 Karos in der Höhe für die Blende 2,5 cm = 5 Reihen kraus rechts stricken, dann alle Maschen rechts abketten.

Fertigstellung: Für die rückwärtige Blende aus der Schmalkante der Ärmelblende und der Schrägung 51 Maschen, aus der unteren Rückenteilkante 68 Maschen, aus der Schrägung und der Schmalkante der Ärmelblende 51 Maschen auffassen. Über die 170 Maschen kraus rechts stricken, dabei an den unteren Ecken des Rückenteils beidseitig in der 2. und 4. Reihe je 1 Masche zunehmen = 174 Maschen. Nach 2,5 cm = 5 Reihen Blendenhöhe alle Maschen rechts abketten. Die vordere Blende ebenso stricken. Den Halsausschnitt mit 1 Runde feste Maschen umhäkeln.

Schal

26 Maschen anschlagen und im Karomuster stricken. Nach 173 cm = 294 Reihen bzw. 21 Karos in der Höhe alle Maschen abketten, wie sie erscheinen.

Fertigstellung: In Anschlag- und Abkettkante jeweils gleichmäßig verteilt 7 Fransen einknüpfen. Für jede Franse 3 Fäden à 40 cm zuschneiden, doppeln und mit der Häkelnadel einknoten (siehe auch Seite 58).

Schnitt

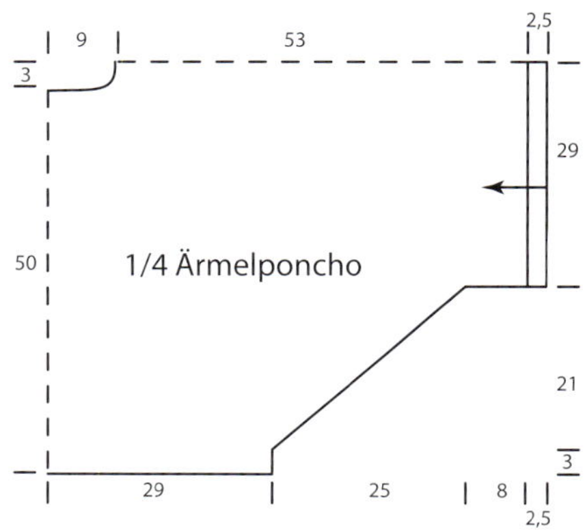

Akzente in Rot

Mütze und Armstulpen · Einheitsgröße · Schwierigkeitsgrad ●●

Schwung für graue Wintertage: Das Set aus Mütze und Stulpen in Rot verbreitet gute Laune und ist aus Dochtgarn und Merinowolle schnell gestrickt. Wenn's ganz kalt wird, lassen sich die Stulpen auch zusätzlich mit Fingerhandschuhen kombinieren, die prima darunter passen.

Material

- Merinomischgarn (60 % Merinowolle, 40 % Polyacryl, Lauflänge 85 m/50 g): 200 g Rot
- Dochtgarn (53 % Schurwolle, 47 % Polyacryl, Lauflänge 90 m/50 g): 50 g Rot bedruckt
- Nadelspiel Nr. 6 und 4,5

Muster

Rippenmuster A: Maschenzahl teilbar durch 3. Alle Runden: 1 Masche rechts, 2 Maschen links im Wechsel.

Rippenmuster B: Maschenzahl teilbar durch 4. Alle Runden: 1 Masche rechts, 3 Maschen links im Wechsel.

Glatt rechts in Runden: Stets rechte Maschen stricken.

Maschenprobe

Glatt rechts mit Nadel Nr. 4,5: 19 Maschen und 27 Runden = 10 x 10 cm

So wird's gemacht

Mütze

66 Maschen in Rot bedruckt anschlagen, auf 4 Nadeln des Nadelspiels Nr. 6 verteilen und Arbeit zur Runde schließen. Für den Bund 6 cm im Rippenmuster A stricken. Dann zum Nadelspiel Nr. 4,5 wechseln und mit Rot im Rippenmuster B weiterstricken, dafür in der 1. Runde 22 Maschen wie folgt zunehmen: * 1 Masche rechts, 1 Masche links, 1 Masche links verschränkt aus dem Querfaden zunehmen, 1 Masche links, ab * stets wiederholen = 88 Maschen. Zur Formgebung nach 10 cm ab Farbwechsel 22 x jede rechte Masche mit der folgenden Masche überzogen zusammenstricken (= 1 Masche rechts abheben, 1 Masche rechts stricken und die abgehobene Masche darüberziehen) = 66 Maschen. In der folgenden 4. Runde 22 x jede rechte Masche mit der davorliegenden Masche rechts zusammenstricken = 44 Maschen. In der folgenden 3. Runde stets 2 Maschen überzogen zusammenstricken = 22 Maschen. 1 Runde rechte Maschen stricken, dann stets 2 Maschen rechts zusammenstricken. Die restlichen 11 Maschen mit dem Arbeitsfaden zusammenziehen. Mützenhöhe mit Bund = 20 cm.

Einen Pompon von 7 cm Durchmesser mit beiden Farben anfertigen (siehe auch Seite 58) und in Mützenmitte annähen.

Armstulpen

33 Maschen in Rot bedruckt anschlagen, auf 4 Nadeln des Nadelspiels Nr. 6 verteilen und Arbeit zur Runde schließen. Für den Bund 3 cm im Rippenmuster A stricken. Dann zum Nadelspiel Nr. 4,5 wechseln und mit Rot im Rippenmuster B weiterstricken dafür in der 1. Runde 11 Maschen wie folgt zunehmen: * 1 M rechts, 1 M links, 1 Masche links verschränkt aus dem Querfaden zunehmen, 1 Masche links, ab * stets wiederholen = 44 Maschen. Nach 12 cm ab Anschlag 11 x jede rechte Masche mit der davorliegenden Masche rechts zusammenstricken = 33 Maschen. Nach 18 cm ab Anschlag glatt rechts weiterstricken, dabei in der 1. Runde verteilt 3 Maschen zunehmen = 36 Maschen. Die Maschen ab Rundenbeginn gleichmäßig auf 4 Nadeln verteilen = 9 Maschen pro Nadel. Für den Daumenkeil in der 3. Runde ab Musterwechsel vor der letzten Masche der 2. Nadel und nach der 1. Masche der 3. Nadel je 1 Masche rechts verschränkt aus dem Querfaden zunehmen, dann 4 x in jeder 2. Runde vor der 1. Zunahme und nach der 2. Zunahme je 1 Masche zunehmen. Nach 6 cm = 16 Runden ab Musterwechsel die 12 Maschen für den Daumenkeil stilllegen und an dieser Stelle 2 Maschen neu anschlagen = 36 Maschen. Nach 9,5 cm = 26 Runden ab Musterwechsel über alle Maschen noch 2,5 cm im Rippenmuster A stricken, dann alle Maschen abketten, wie sie erscheinen. Die 12 Daumenmaschen aufnehmen, aus dem Neuanschlag 2 Maschen neu dazu auffassen, die 14 Maschen auf 3 Nadeln verteilen und 4 cm glatt rechts in Runden stricken. Dann die Maschen links abketten.

Jeans forever!

Kapuzenmantel · Größe 36/38 (42/44) 48/50 · Schwierigkeitsgrad ●●●

Der lange Mantel aus weichem Merinogarn schützt mit Flauschblenden und großer Kapuze vor kühlem Herbstwetter. Ein Mini-Muster gibt Struktur und sorgt für mehr Strickspaß, die Washout-Optik veredelt den lässigen, ewig jungen Jeans-Look.

Material

- Stärkeres Merinogarn (80 % Merinowolle, 15 % Polyacryl, 5 % Elitée, Lauflänge 100 m/50 g): 700 (750) 800 g Blau bedruckt
- Fransengarn (60 % Mikrofaser, 40 % Schurwolle, Lauflänge 80 m/50 g): 300 (350) 350 g Dunkelblau
- Stricknadeln Nr. 7 und 8
- Rundstricknadel Nr. 7, lang
- 5 Knöpfe, 5 cm Ø

Muster

Kraus rechts: Hin- und Rückreihe rechte Maschen.

Glatt links: Hinreihe linke Maschen, Rückreihe rechte Maschen.

Strukturmuster: Maschenzahl teilbar durch 8 + 3. Laut Strickschrift auf Seite 44 arbeiten. Gezeichnet sind die Hinreihen. In den Rückreihen alle Maschen stricken, wie sie erscheinen. Mit den Maschen vor dem Mustersatz beginnen, den Mustersatz stets wiederholen, mit der Masche nach dem Mustersatz enden. Die 1.–8. Reihe stets wiederholen.

Rippenmuster: ungerade Maschenzahl. In Hinreihen 1 Masche rechts, 1 Masche links im Wechsel stricken, enden mit 1 Masche rechts. In Rückreihen die Maschen stricken, wie sie erscheinen.

Maschenproben

Kraus rechts mit Nadeln Nr. 7 im Fransengarn: 13 Maschen und 21 Reihen = 10 x 10 cm

Glatt links und im Strukturmuster mit Nadeln Nr. 8 im Merinogarn: 14 Maschen und 20 Reihen = 10 x 10 cm

So wird's gemacht

Rückenteil: 73 (81) 89 Maschen mit Nadeln Nr. 7 in Dunkelblau anschlagen und für die Blende 9 cm = 19 Reihen kraus rechts stricken. Dann 1 Rückreihe linke Maschen in Blau bedruckt stricken, dabei verteilt 8 Maschen zunehmen = 81 (89) 97 Maschen. Mit Nadeln Nr. 8 in folgender Mascheneinteilung weiterstricken: Randmasche, 6 Maschen glatt links, 67 (75) 83 Maschen Strukturmuster, 6 Maschen glatt links, Randmasche. Für die Taillierung ab Blende beidseitig 4 x in jeder 14. Reihe je 1 Masche abnehmen = 73 (81) 89 Maschen. Für den Taillenbund nach 36,5 cm = 73 Reihen ab Blende zwischen den Randmaschen 15 cm = 30 Reihen im Rippenmuster stricken, dann im Strukturmuster weiterstricken, dabei mit der 5. Musterreihe beginnen; Mascheneinteilung wie vor dem Bund. Für die Schrägungen ab Taillenbund beidseitig 2 x in jeder 8. Reihe je 1 Masche zunehmen = 77 (85) 93 Maschen. Für die Armausschnitte nach 13 cm = 26 Reihen (14 cm = 28 Reihen) 15 cm = 30 Reihen ab Taillenbund beidseitig 1 x 8 Maschen abketten = 61 (69) 77 Maschen. Für die Schulterschrägungen nach 32 cm = 64 Reihen (36 cm = 72 Reihen) 40 cm = 80 Reihen ab Taillenbund beidseitig 1 x 8 (10) 12 Maschen und in der folgenden 2. Reihe 1 x 9 (11) 13 Maschen abketten. Nach 34 cm = 68 Reihen (38 cm = 76 Reihen) 42 cm = 84 Reihen ab Taillenbund die restlichen 27 Maschen für die Kapuze stilllegen.

Linkes Vorderteil: 34 (38) 42 Maschen mit Nadeln Nr. 7 in Dunkelblau anschlagen und für die Blende 9 cm = 19 Reihen kraus rechts stricken. Dann 1 Rückreihe linke Maschen in Blau

bedruckt stricken, dabei verteilt 4 Maschen zunehmen = 38 (42) 46 Maschen. Mit Nadeln Nr. 8 in folgender Mascheneinteilung weiterstricken: Randmasche, 6 Maschen glatt links, 27 (27) 35 Maschen Strukturmuster, 3 (7) 3 Maschen glatt links, Randmasche. Taillierung, Schrägung und Armausschnitt am rechten Rand wie beim Rückenteil arbeiten = 28 (32) 36 Maschen; den Taillenbund nach der Randmasche mit 1 Masche links beginnen. Für den Halsausschnitt nach 26 cm = 52 Reihen (30 cm = 60 Reihen) 34 cm = 68 Reihen ab Taillenbund am linken Rand 1 x 4 Maschen und in jeder 2. Reihe 1 x 2 und 5 x je 1 Masche abketten. Die Schulterschrägung am rechten Rand wie beim Rückenteil arbeiten. In Rückenteilhöhe sind alle Maschen aufgebraucht.

Rechtes Vorderteil: Gegengleich stricken.

Ärmel: 36 (42) 48 Maschen mit Nadeln Nr. 7 anschlagen und für die Blende 9 cm = 19 Reihen kraus rechts stricken. Dann 1 Rückreihe linke Maschen in Blau bedruckt stricken, dabei verteilt 3 (5) 7 Maschen zunehmen = 39 (47) 55 Maschen. Mit Nadeln Nr. 8 in folgender Mascheneinteilung weiterstricken: Randmasche, 1 Masche glatt links, 35 (43) 51 Maschen Strukturmuster, 1 Masche glatt links, Randmasche. Für die Ärmelschrägungen ab Blende beidseitig 5 x in jeder 8. Reihe und 2 x in jeder 10. Reihe je 1 Masche glatt links zunehmen = 53 (61) 69 Maschen. Nach 38,5 cm = 77 Reihen ab Blende alle Maschen abketten.

Kapuze: Schulternähte schließen. Für die linke Kapuzenseite 4 Maschen mit Nadeln Nr. 8 in Blau bedruckt anschlagen und glatt links stricken. Für die Rundung ab Anschlag am rechten Rand in jeder 2. Reihe 1 x 2 und 3 x je 1 Masche, in jeder 4. Reihe 2 x je 1 Masche neu dazu anschlagen. Nach 8 cm = 16 Reihen die 11 Maschen stilllegen. Rechte Kapuzenseite gegengleich stricken.

Die stillgelegten Maschen der rechten Kapuzenseite, des Rückenteils und der linken Kapuzenseite auf Nadel Nr. 8 nehmen und über alle 49 Maschen im Zusammenhang weiterstricken, dabei für die erste und dritte Größe den mittleren Musterstreifen, für die zweite Größe die mittleren 2 Musterstreifen des Rückenteils fortführen, restliche Maschen glatt links stricken. Für die Weite in jeder 4. Reihe beiderseits der mittleren 3 Maschen 4 x je 1 Masche links verschränkt aus dem Querfaden zunehmen = 57 Maschen. Nach 24 cm = 48 Reihen Kapuzenhöhe beiderseits der mittleren 3 Maschen jeweils 2 Maschen links zusammenstricken; diese Abnahme noch 2 x in jeder 4. Reihe, 5 x in jeder 2. Reihe und 4 x in jeder Reihe wiederholen, dabei in den Rückreihen die Maschen rechts zusammenstricken = 33 Maschen. In der 72. Reihe 15 Maschen stricken, dann die mittleren 3 Maschen rechts zusammenstricken und die erhaltene Mittelmasche auf eine Hilfsnadel legen.

Die Kapuzenseiten beiderseits der Mittelmasche rechts auf rechts zusammenlegen und zum Schließen der Kapuzennaht mit der Hilfsnadel 15 x je 2 Maschen (1 Masche von jeder Nadel) rechts zusammenstricken und abketten. Kapuzenhöhe = 36 cm.

Fertigstellung: Untere Rundung der Kapuzenseiten an die vorderen Halsausschnittkanten nähen. Mit der Rundstricknadel aus der rechten Vorderteilkante 105 (111) 117 Maschen, aus der Kapuzenkante 75 Maschen und aus der linken Vorderteilkante 105 (111) 117 Maschen in Dunkelblau auffassen und für die Blende über alle 285 (297) 309 Maschen kraus rechts stricken, dabei mit 1 Rückreihe beginnen. Nach 9 Reihen Blendenhöhe in der folgenden Hinreihe in der rechten Blende 5 Knopflöcher wie folgt arbeiten: 43 (45) 47 Maschen stricken, * 2 Maschen abketten, 13 (14) 15 Maschen stricken, ab * noch 3 x wiederholen, dann noch 2 Maschen abketten. Abgekettete Maschen in der folgenden Rückreihe wieder neu anschlagen. Nach 9 cm = 19 Reihen Blendenhöhe alle Maschen rechts abketten. Ärmel einsetzen. Seiten- und Ärmelnähte schließen. Knöpfe annähen.

Schnitt

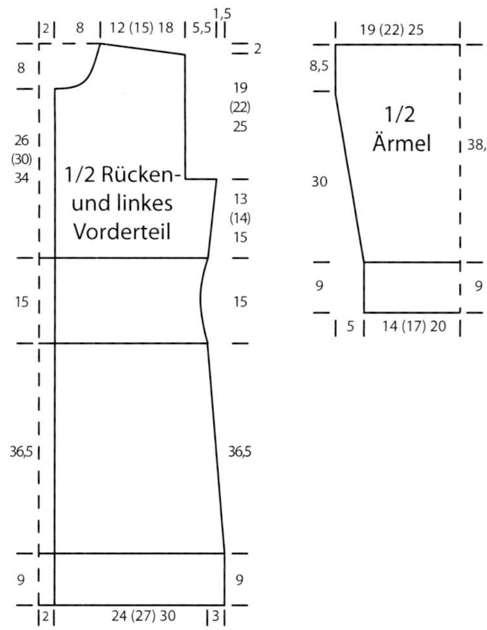

Strukturmuster

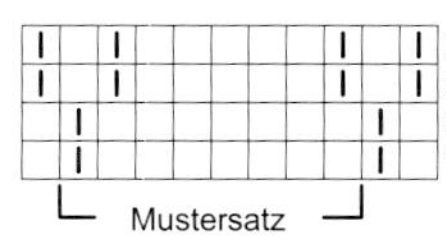

Zeichenerklärung:

I = 1 Masche rechts

☐ = 1 Masche links

Trendige Gipfelstürmer

Cape, Mütze und Armstulpen mit Jacquardmuster • Größe Cape: 36–40 (42–46); Mütze und Armstulpen: Einheitsgröße • Schwierigkeitsgrad ●●●

Wenn frisch gefallener Schnee nach draußen lockt, können Sie der Kälte mit Cape, Mütze und Armstulpen die Stirn bieten. Jacquardmuster beleben den weichen Camelton und sind als Trend-Design im Winter einfach unverzichtbar.

Material

- Stärkere Merinowolle (100 % Merinowolle, Lauflänge 85 m/50 g): 250 (300) g Camel, 100 g Blau und je 50 g Mittelgrün, Hellgrün, Altrosa und Rosé für das Cape; 150 g Camel, 100 g Blau und je 50 g Mittelgrün, Hellgrün, Altrosa und Rosé für Mütze und Armstulpen
- Rundstricknadel Nr. 6, lang und kurz
- Nadelspiel Nr. 6

Muster

Perlmuster in Reihen: ungerade Maschenzahl. Alle Reihen: 1 Masche rechts, 1 Masche links im Wechsel, enden mit 1 Masche rechts.

Perlmuster in Runden: gerade Maschenzahl. 1 Masche rechts, 1 Masche links im Wechsel. Die Maschen in jeder Runde versetzen.

Glatt rechts in Reihen: Hinreihe rechte Maschen, Rückreihe linke Maschen.

Glatt rechts in Runden: Stets rechte Maschen stricken.

Knötchenmuster in Reihen: ungerade Maschenzahl. 1.–5. Reihe: glatt rechts. 6. Reihe (= Rückreihe): Randmasche, stets 2 Maschen rechts zusammenstricken, enden mit 1 Masche rechts und Randmasche. 7. Reihe: Randmasche, 1 Masche rechts, dann aus jeder Masche 1 Masche rechts und 1 Masche rechts verschränkt herausstricken, Randmasche. 8. Reihe: linke Maschen. Die 1.–8. Reihe stets wiederholen.

Knötchenmuster in Runden: gerade Maschenzahl. 1.–5. Runde: glatt rechts. 6. Runde: Stets 2 Maschen links zusammenstricken. 7. Runde: Aus jeder Masche 1 Masche rechts und 1 Masche rechts verschränkt herausstricken. 8. Runde: rechte Maschen. Die 1.–8. Runde stets wiederholen.

Jacquardmuster: Maschenzahl teilbar durch 8 + 1 + 2 Randmaschen. Laut Zählmuster glatt rechts in Norwegertechnik arbeiten, dabei den unbenutzten Faden stets locker auf der Rückseite der Arbeit weiterführen. Gezeichnet sind Hin- und Rückreihen bzw. alle Runden. In Reihen mit 1 Randmasche und der Masche vor dem Mustersatz beginnen, den Mustersatz stets wiederholen, mit 1 Randmasche enden. In Runden nur den Mustersatz stets wiederholen. Die 1.–46. Reihe/Runde 1 x stricken.

Musterfolge A (Cape): 6,5 cm = 16 Reihen Knötchenmuster, davon 8 Reihen in Camel, 2 Reihen in Blau und 6 Reihen in Camel, 21 cm = 46 Reihen Jacquardmuster, 15 cm = 36 Reihen Knötchenmuster in Camel, jedoch die 9. und 10. Reihe in Blau stricken.

Musterfolge B (Mütze): 3,5 cm = 8 Runden Knötchenmuster in Camel, 21 cm = 46 Runden Jacquardmuster, 7,5 cm = 18 Runden Knötchenmuster in Camel, jedoch die 9. und 10. Runde in Blau stricken.

Musterfolge C (Stulpen): 3,5 cm = 8 Runden Knötchenmuster in Camel, 13,5 cm = 30 Runden Jacquardmuster wie folgt: 1 x die 29.–44. und 1 x die 17.–30. Runde arbeiten, 3,5 cm = 8 Runden Knötchenmuster in Camel, 5 cm = 12 Runden glatt rechts in Camel, 4 cm = 10 Runden Knötchenmuster, davon 2 Runden in Blau und 8 Runden in Camel.

Maschenproben

Im Perlmuster: 17 Maschen und 26 Reihen = 10 x 10 cm

Im Knötchenmuster: 17 Maschen und 24 Reihen = 10 x 10 cm

Im Jacquardmuster: 17 Maschen und 22 Reihen = 10 x 10 cm

Hinweis: Das Cape wird wegen der hohen Maschenzahl auf der langen Rundstricknadel in Reihen gestrickt. Mütze und Armstulpen werden in Runden gestrickt.

So wird's gemacht

Cape

211 (227) Maschen in Camel anschlagen und für die Blende 3 cm = 8 Reihen im Perlmuster stricken. Dann in der Musterfolge A weiterstricken. Zur Formgebung in der 18., 32. und 46. Reihe des Jacquardmusters gleichmäßig verteilt je 8 Maschen abnehmen (= 8 x je 2 Maschen links zusammenstricken) = 187 (203) Maschen. Danach in jeder 8. Knötchenmusterreihe 2 x je 10 und 2 x je 10 (12) Maschen abnehmen = 147 (159) Maschen. Nach 42,5 cm = 98 Reihen ab Blende alle Maschen links abketten, dabei zum Einhalten der Kante gleichmäßig verteilt vor dem Abketten 10 (12) x je 2 Maschen links zusammenstricken = 137 (147) abgekettete Maschen.

Fertigstellung: Aus den vorderen Kanten + Schmalkanten der Blende jeweils 79 Maschen in Camel auffassen und für die Blende 3 cm = 8 Reihen im Perlmuster stricken, dann alle Maschen abketten, wie sie erscheinen. Für das rechte Bindeband 52 Maschen anschlagen, dann aus der Schmalkante der rechten Blende 7 Maschen, aus dem Abkettrand 135 (145) Maschen, aus der linken Blende 7 Maschen auffassen und für das linke Bindeband 52 Maschen neu dazu anschlagen. Über die 253 (263) Maschen im Perlmuster stricken, dabei in der 1. Reihe über den mittleren 135 (145) Maschen gleichmäßig verteilt 22 (24) Maschen abnehmen = 231 (239) Maschen. Nach 3 cm = 8 Reihen Blendenhöhe alle Maschen abketten, wie sie erscheinen.

Mütze

72 Maschen in Camel mit der kurzen Rundstricknadel anschlagen, Arbeit zur Runde schließen und für die Blende 4,5 cm = 12 Runden im Perlmuster stricken. Dann in der Musterfolge B weiterstricken. Nach 32 cm = 72 Reihen ab Blende alle Maschen abketten. Die Mütze bleibt oben offen, kann aber auch mit einem Band zusammengebunden werden.

Armstulpen

40 Maschen in Camel anschlagen, gleichmäßig auf 4 Nadeln des Nadelspiels verteilen und Arbeit zur Runde schließen. Für die Blende 3 cm = 8 Runden im Perlmuster stricken. Dann in der Musterfolge C weiterstricken. Zur Formgebung in der 24. und 38. Runde ab Blende (= jeweils letzte Runde des Jacquardstreifens) auf jeder Nadel 1 Masche abnehmen = 32 Maschen. In der 1. Glatt-rechts-Runde auf jeder Nadel 1 Masche zunehmen = 36 Maschen. Für den Daumenkeil in der folgenden 2. Runde vor der letzten Masche der 2. Nadel und nach der 1. Masche der 3. Nadel je 1 Masche rechts verschränkt aus dem Querfaden zunehmen, dann 3 x in jeder 2. Runde vor der 1. Zunahme und nach der 2. Zunahme je 1 Masche zunehmen. In der 11. Glatt-rechts-Runde die 10 Maschen für den Daumenkeil abketten und in der folgenden Runde an dieser Stelle 2 Maschen neu anschlagen = 36 Maschen. Nach 29,5 cm = 68 Runden Musterfolge noch 3 cm = 8 Runden im Perlmuster in Camel stricken. Dann alle Maschen abketten, wie sie erscheinen.

Schnitt

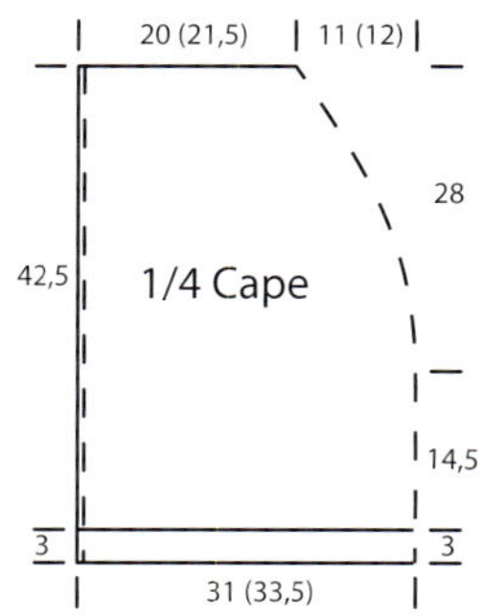

Jacquardmuster

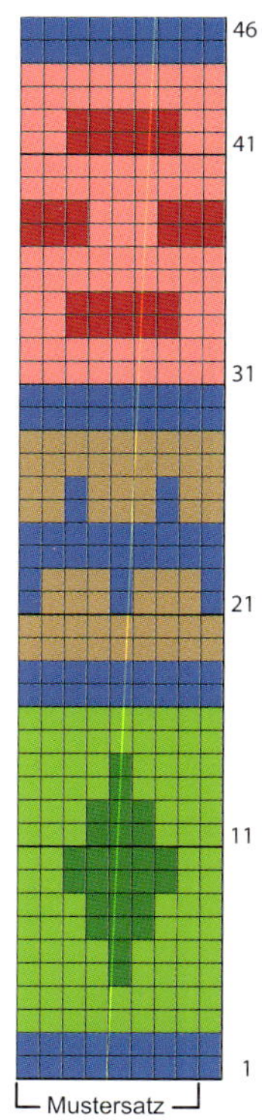

Zeichenerklärung:

- = 1 Masche in Blau
- = 1 Masche in Mittelgrün
- = 1 Masche in Hellgrün
- = 1 Masche in Camel
- = 1 Masche in Altrosa
- = 1 Masche in Rosé

Wärmstens empfohlen

Poncho, Stulpen, Stirnband · Größe Poncho: 36–40 (42–46); Stulpen: Wadenumfang 35–37 (38–40) cm · Schwierigkeitsgrad ●●●

Poncho, Stulpen und Stirnband aus weichem Dochtgarn sind das perfekte Trio für eine zünftige Rodelpartie. Rustikale Aranstrukturen lassen beim Stricken keine Langeweile aufkommen. Und das klassische Violett, hier mit dezenter Melierung, gehört schon längst zu den Lieblingsfarben jeder Saison.

Material

- Dochtgarn (55 % Schurwolle, 45 % Polyacryl, Lauflänge 90 m/50 g): 500 (600) g Violett meliert für Poncho und Stirnband; 150 g Violett meliert für die Stulpen
- Stricknadeln Nr. 5 und 6
- Rundstricknadel Nr. 5, lang und kurz
- Zopfnadel
- Gummiband, 1 cm breit, in Länge des 2-fachen Beinumfangs (unterhalb des Knies gemessen)

Muster

Glatt links: Hinreihe linke Maschen, Rückreihe rechte Maschen.

Glatt rechts: Hinreihe rechte Maschen, Rückreihe linke Maschen.

Zopf A (über 4 Maschen): 1. und 2. Reihe: glatt rechts. 3. Reihe: 4 Maschen nach rechts verkreuzen (= 2 Maschen auf die Zopfnadel hinter die Arbeit legen, 2 Maschen rechts stricken, dann die Maschen der Zopfnadel rechts stricken). 4. Reihe: linke Maschen. Die 1.–4. Reihe stets wiederholen.

Zopf B (über 4 Maschen): Wie Zopf A, jedoch in der 3. Reihe 4 Maschen nach links verkreuzen (= 2 Maschen auf die Zopfnadel vor die Arbeit legen, 2 Maschen rechts stricken, dann die Maschen der Zopfnadel rechts stricken).

Rautenmuster (über 42 Maschen): Laut Strickschrift auf Seite 53 arbeiten. Gezeichnet sind die Hinreihen. In den Rückreihen alle Maschen stricken, wie sie erscheinen, Noppenmaschen links stricken. Die 1.–36. Reihe stets wiederholen.

Rippenmuster: 1 Masche rechts, 1 Masche links im Wechsel.

Maschenproben

Glatt links: 17 Maschen und 23 Reihen = 10 x 10 cm

Zopf A und B: 4 Maschen = 2 cm breit

Im Rautenmuster: 42 Maschen = 23 cm breit

Hinweis: Den Poncho in zwei Teilen stricken. Pfeile im Schnitt = Strickrichtung.

So wird's gemacht

Poncho

Teil A: 72 (80) Maschen mit Nadeln Nr. 6 anschlagen und in folgender Mascheneinteilung stricken: Randmasche, 1 (3) Masche glatt links, 4 Maschen Zopf A, 5 (7) Maschen glatt links, 4 Maschen Zopf A, 42 Maschen Rautenmuster, 4 Maschen Zopf B, 5 (7) Maschen glatt links, 4 Maschen Zopf B, 1 (3) Maschen glatt links, Randmasche. Nach 70,5 cm = 162 Reihen (75,5 cm = 174 Reihen) ab Anschlag alle Maschen stilllegen.

Teil B: Ebenso arbeiten.

Fertigstellung: Die Anschlagkante von Teil B an die oberen 39 (43,5) cm der linken Längskante von Teil A nähen. Die Anschlagkante von Teil A an die oberen 39 (43,5) cm der linken Längskante von Teil B nähen.

Für die Blende mit der langen Rundstricknadel die stillgelegten 72 (80) Maschen von Teil A rechts aufstricken, im Anschluss aus der rechten Längskante von Teil B 120 (128) Maschen auffassen, die letzte Masche als Eckmasche markieren, dann die stillgelegten 72 (80) Maschen von Teil B rechts aufstricken, im Anschluss aus der rechten Längskante von Teil A 120 (128)

Maschen auffassen, die letzte Masche als Eckmasche markieren. Über die 384 (416) Maschen im Rippenmuster in Runden stricken, dabei nach der 2. markierten Eckmasche mit 1 Masche links beginnen und 4 x in jeder 2. Runde beiderseits der Eckmaschen 1 Masche mustergemäß zunehmen. Nach 4,5 cm = 10 Runden Blendenhöhe alle Maschen abketten, wie sie erscheinen.

Für die Ausschnittblende mit der kurzen Rundstricknadel aus dem Halsausschnitt 118 (122) Maschen auffassen und im Rippenmuster in Runden stricken, dabei darauf achten, dass in der vorderen und rückwärtigen Spitze eine rechte Masche liegt = Mittelmasche. Zur Formgebung 8 x in jeder 2. Runde in der vorderen und rückwärtigen Spitze 3 Maschen überzogen zusammenstricken (= die Mittelmasche mit der davorliegenden Masche rechts abheben, 1 Masche rechts stricken und die abgehobenen Maschen darüberziehen). Nach 7 cm = 16 Runden Blendenhöhe die restlichen 86 (90) Maschen abketten, wie sie erscheinen.

Stulpen

58 (64) Maschen mit Nadeln Nr. 5 anschlagen und für die Blende 2,5 cm = 6 Reihen im Rippenmuster stricken. Dann in folgender Mascheneinteilung weiterstricken: Randmasche, 3 (6) Maschen glatt links, 4 Maschen Zopf A, 42 Maschen Rautenmuster, 4 Maschen Zopf B, 3 (6) Maschen glatt links, Randmasche. Im Rautenmuster keine Noppen arbeiten, stattdessen die Maschen rechts stricken. Nach 31 cm = 72 Reihen ab Blende für den Bund noch 6,5 cm = 15 Reihen im Rippenmuster stricken, dann alle Maschen abketten, wie sie erscheinen. Naht schließen, dabei für den Umschlag die oberen 5 cm im Bund auf der Außenseite schließen. Die zweite Stulpe ebenso arbeiten.

Tipp: Sollen die Stulpen beim Tragen fixiert werden, zwei Teile Gummiband in Weite des Beinumfangs zum Ring zusammennähen und bis zum oberen Bund über die Stulpe ziehen. Bund über das Gummiband nach außen umschlagen.

Stirnband

80 Maschen mit der kurzen Rundstricknadel anschlagen und Arbeit zur Runde schließen. Die letzte Masche der Runde bildet die rückwärtige Mitte. Im Rippenmuster stricken. Nach 6,5 cm = 15 Runden ab Anschlag 8 Maschen + 15 Maschen für die erste Ohrenklappe stricken, dann mit 1 Umschlag wenden, * 15 Maschen stricken, mit 1 Umschlag wenden, ab * stets wiederholen, dabei in jeder Reihe 1 Masche weniger arbeiten, bis nur noch 11 Maschen gestrickt sind. Dann mit 1 Umschlag wenden, 9 Maschen stricken, mit 1 Umschlag wenden, 7 Maschen stricken, mit 1 Umschlag wenden, 7 Maschen und die 4 stillgelegten Maschen

an der linken Ohrenklappenseite stricken, dabei die Wendeumschläge mit der folgenden Masche mustergemäß zusammenstricken, anschließend 33 Maschen + 15 Maschen für die zweite Ohrenklappe stricken, mit 1 Umschlag wenden und die zweite Ohrenklappe ab * wie die erste arbeiten. Danach die letzten 9 Maschen bis Rundenende stricken. Über alle Maschen noch 1 Runde stricken, dabei bei beiden Ohrenklappen die restlichen Wendeumschläge mit der vorhergehenden Masche mustergemäß zusammenstricken. Danach alle Maschen abketten, wie sie erscheinen.

Schnitt

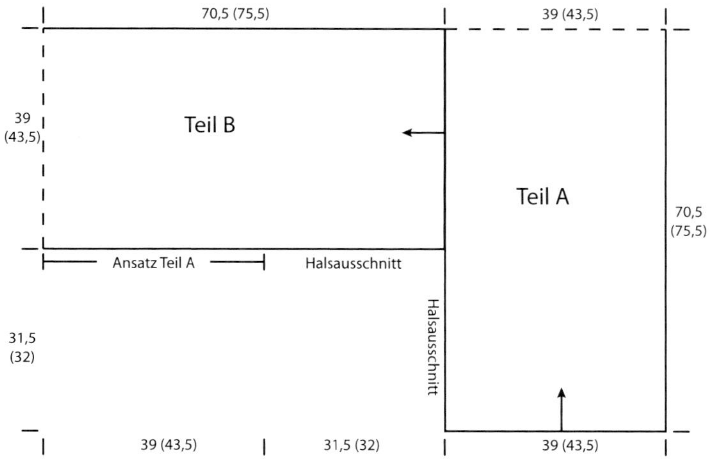

Rautenmuster

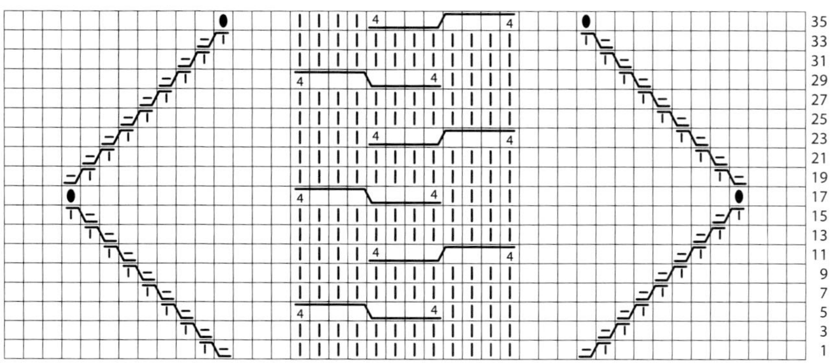

Zeichenerklärung:

- I = 1 Masche rechts
- ☐ = 1 Masche links
- ● = 1 Noppe: aus 1 Masche 5 Maschen herausstricken (= * 1 Masche rechts, 1 Umschlag, ab * 1 x wiederholen, 1 Masche rechts), wenden, 5 Maschen links, wenden, 5 Maschen rechts, wenden, 5 Maschen links, wenden, 2 x je 2 Maschen rechts zusammenstricken, 1 Masche rechts, dann die 2. und 1. Masche der rechten Nadel nacheinander über die 3. Maschen ziehen
- = 2 Maschen nach rechts versetzen: 1 Masche auf die Zopfnadel hinter die Arbeit legen, 1 Masche rechts und die Masche der Zopfnadel links stricken
- = 2 Maschen nach links versetzen: 1 Masche auf die Zopfnadel vor die Arbeit legen, 1 Masche links und die Masche der Zopfnadel rechts stricken
- = 8 Maschen nach rechts verkreuzen: 4 Maschen auf die Zopfnadel hinter die Arbeit legen, 4 Maschen rechts stricken, dann die Maschen der Zopfnadel rechts stricken
- = 8 Maschen nach links verkreuzen: 4 Maschen auf die Zopfnadel vor die Arbeit legen, 4 Maschen rechts stricken, dann die Maschen der Zopfnadel rechts stricken

Grundkurs Stricken

Maschenanschlag

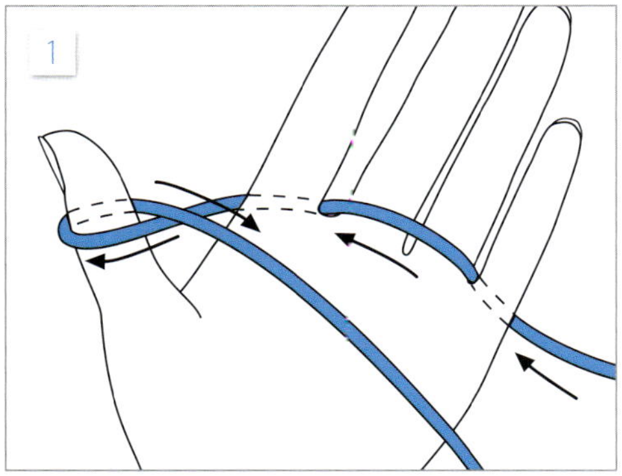

Das Fadenende zwischen kleinem Finger und Ringfinger von außen nach innen, zwischen Mittel- und Zeigefinger nach außen und von vorne um den Daumen legen.

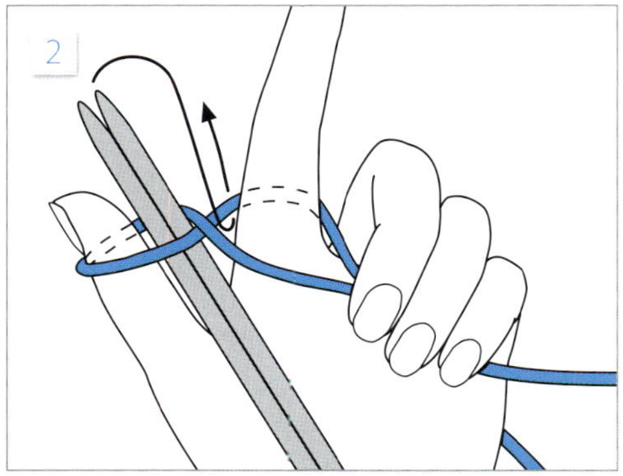

Mit 2 Nadeln die Daumenschlinge erfassen. Dann mit den Nadeln die Zeigefingerschlinge des Fadens erfassen. Die Zeigefingerschlinge durch die Daumenschlinge holen.

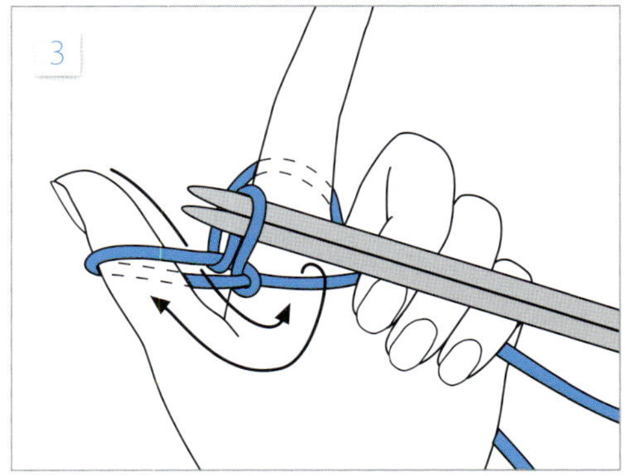

Den Daumen aus der Schlinge ziehen, unter den vorderen Faden führen und mit dem Daumen die Schlinge festziehen. Schritt 2 und 3 stets wiederholen. Die 2. Nadel nach gewünschter Maschenzahl herausziehen.

Maschen abketten

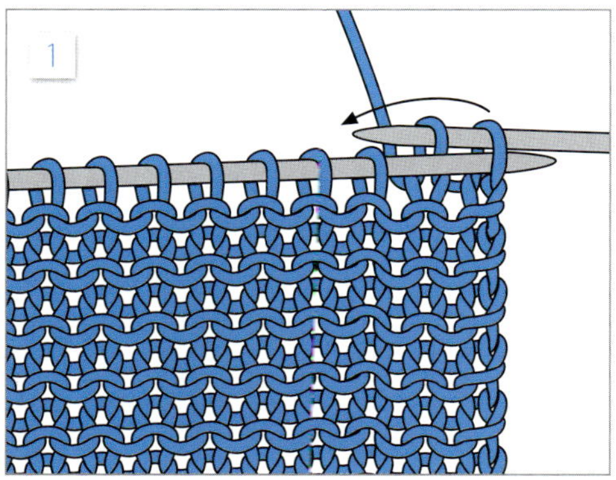

Die ersten 2 Maschen stricken. Mit der linken Nadel in die 1. Masche stechen, diese über die 2. Masche heben und mit der rechten Nadel die 2. Masche durch die 1. Masche ziehen.

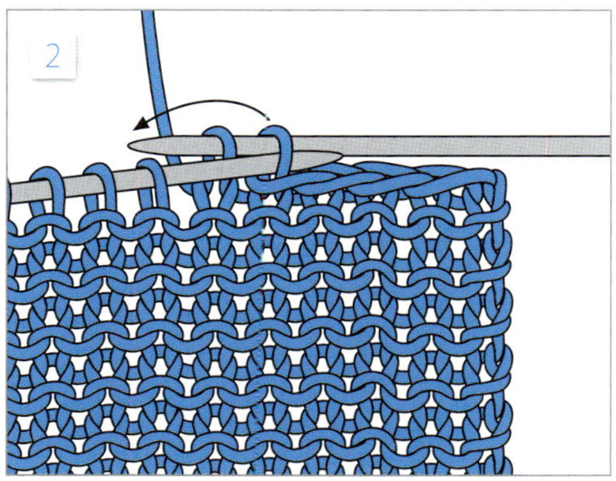

Die nächste Masche stricken und die vorhergehende darüberziehen. Sind alle Maschen abgekettet, Faden abschneiden und durch die letzte Masche ziehen.

Stricken in Runden

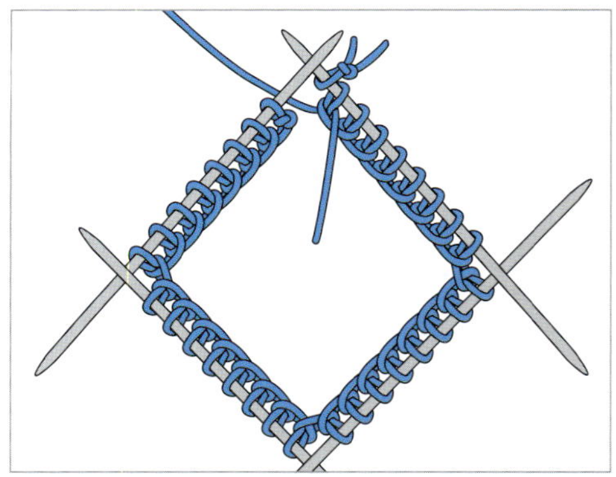

Maschen anschlagen, auf 4 Nadeln verteilt zur Runde schließen. Dabei darauf achten, dass die unteren Kanten der Maschen nach innen zeigen. Eventuell den Rundenanfang mit einem andersfarbigen Garn markieren.

Rechte Maschen

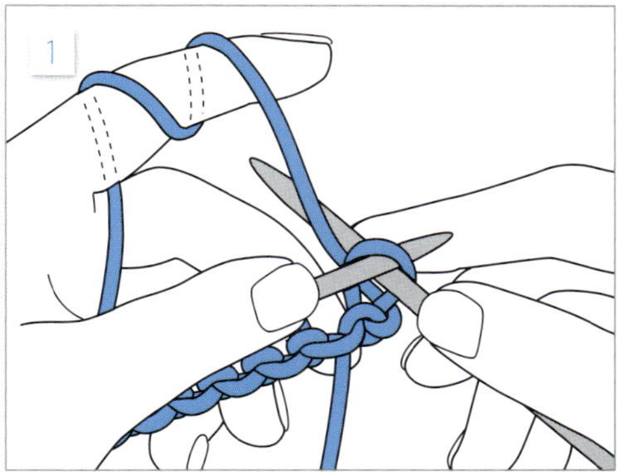

Die Nadel mit den Maschen in die linke Hand nehmen. Der Faden liegt hinter der linken Nadel. Mit der rechten Nadel von vorne in die Masche einstechen.

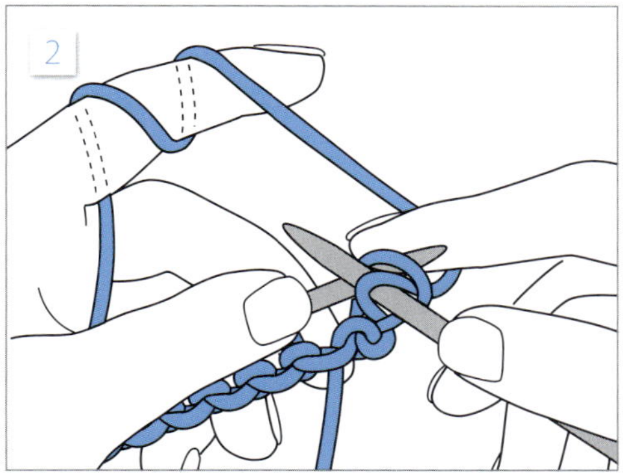

Dann den Faden mit der rechten Nadel fassen und durch die Masche ziehen. Anschließend die gestrickte Masche von der linken Nadel gleiten lassen.

Maschen rechts zusammenstricken

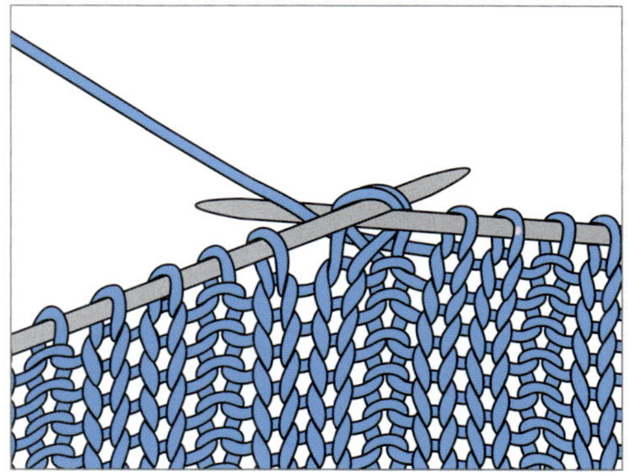

Den Faden hinter die Arbeit legen. Mit der rechten Nadel von links nach rechts durch beide Maschen stechen, den Faden durchholen. Die Maschen von der linken Nadel gleiten lassen.

Linke Maschen

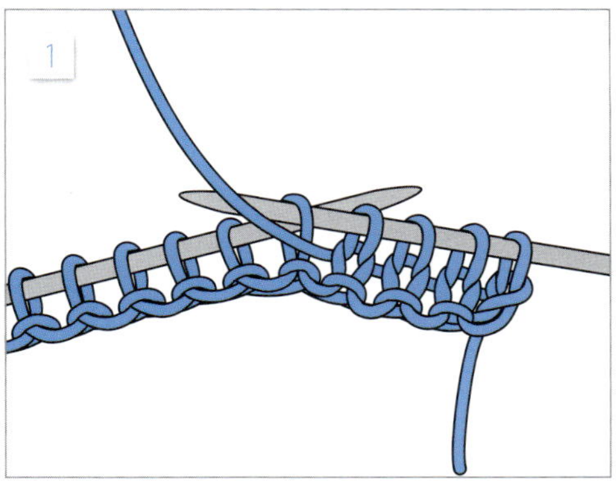

Den Faden vor die Arbeit legen und mit der rechten Nadel von rechts nach links in die Masche auf der linken Nadel einstechen.

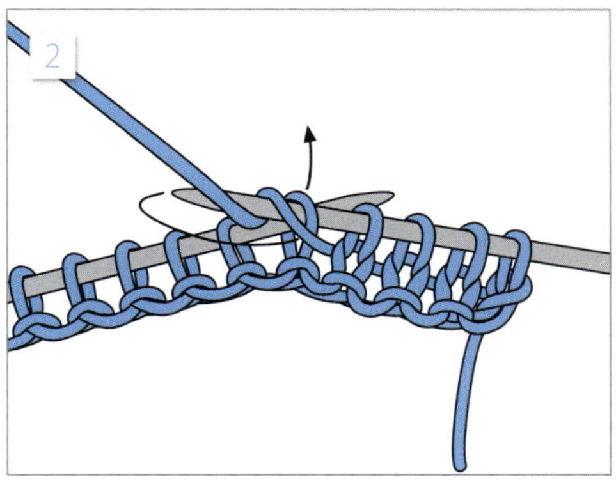

Den Faden von vorn nach hinten um die Nadelspitze schlingen und durch die Masche holen. Die Masche von der linken Nadel gleiten lassen.

Maschen links zusammenstricken

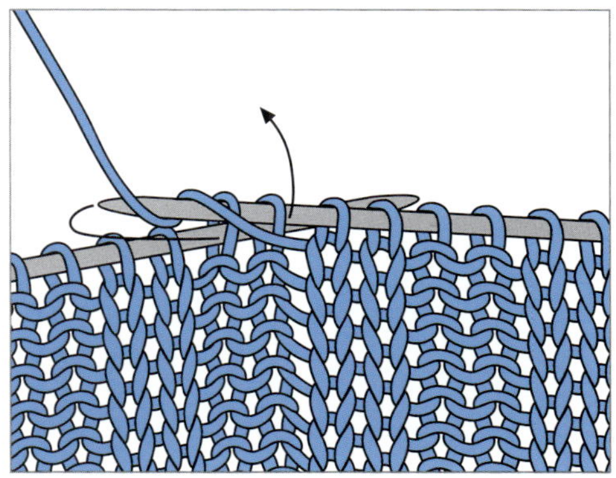

Wie bei einer linken Masche den Faden vor die Arbeit legen, von rechts nach links durch beide Maschen stechen und den Faden durchholen. Die Maschen von der linken Nadel gleiten lassen.

Links verschränkte Zunahme

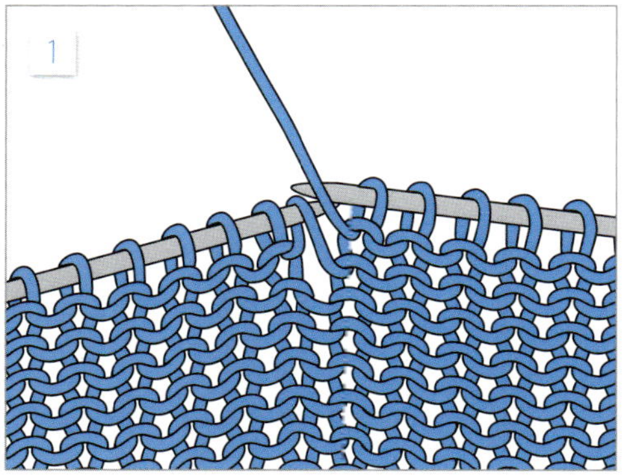

Den Querfaden zwischen 2 Maschen mit der linken Nadel von vorn nach hinten aufnehmen.

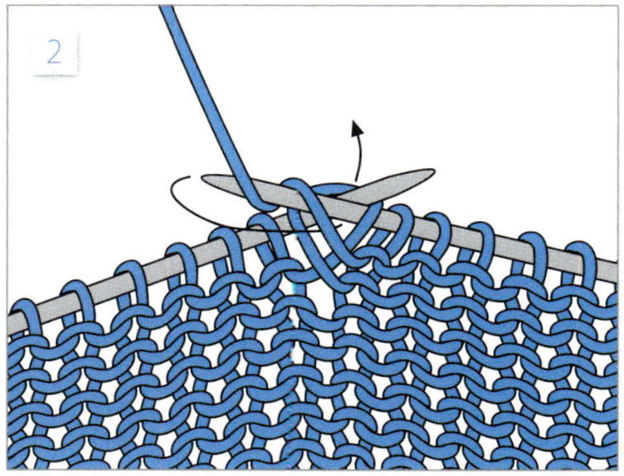

Der Arbeitsfaden liegt vorne. Von hinten nach vorn in den hinteren Schlingenteil einstechen. Faden durchholen.

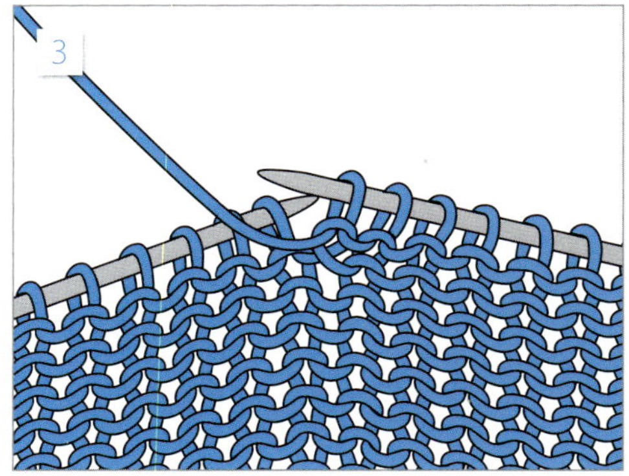

Den aufgenommenen Querfaden von der linken Nadel gleiten lassen. Eine zusätzliche Masche ist entstanden.

Rechts verschränkte Zunahme

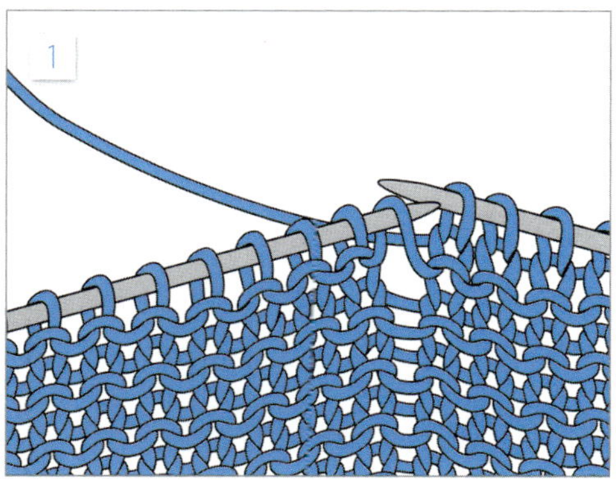

Den Querfaden zwischen 2 Maschen mit der linken Nadel von vorn nach hinten aufnehmen.

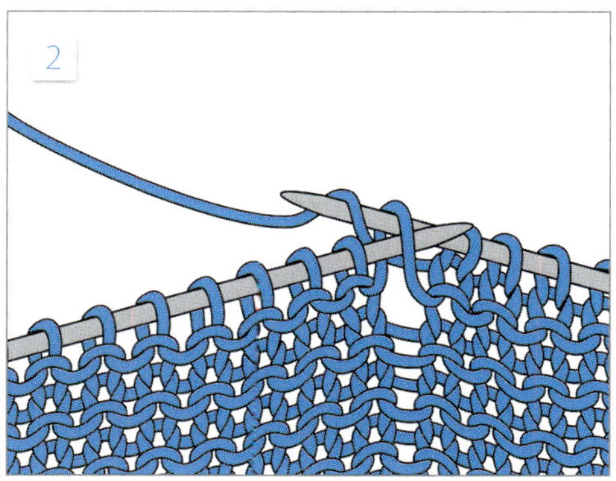

Der Arbeitsfaden liegt hinten. In den hinteren Schlingenteil einstechen. Faden durchholen.

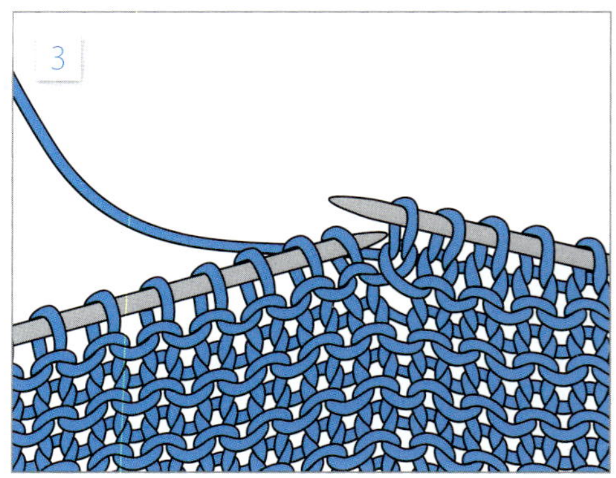

Den aufgenommenen Querfaden von der linken Nadel gleiten lassen. Eine zusätzliche Masche ist entstanden.

Umschlag bilden

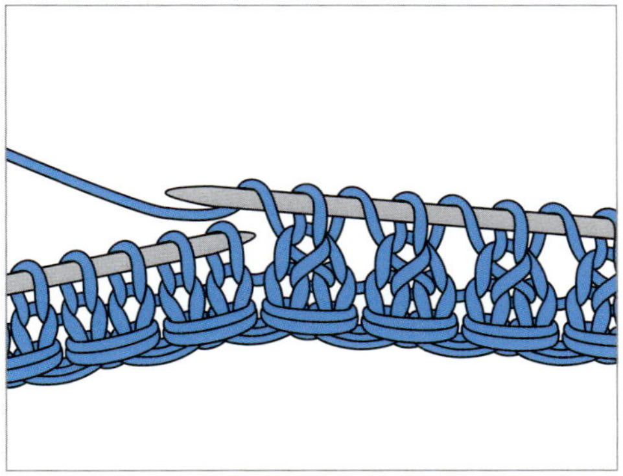

Einen Umschlag arbeiten heißt: Den Faden von vorne nach hinten über die rechte Nadel legen. Dann wie in der jeweiligen Anleitung angegeben weiterarbeiten.

2 Maschen überzogen zusammenstricken

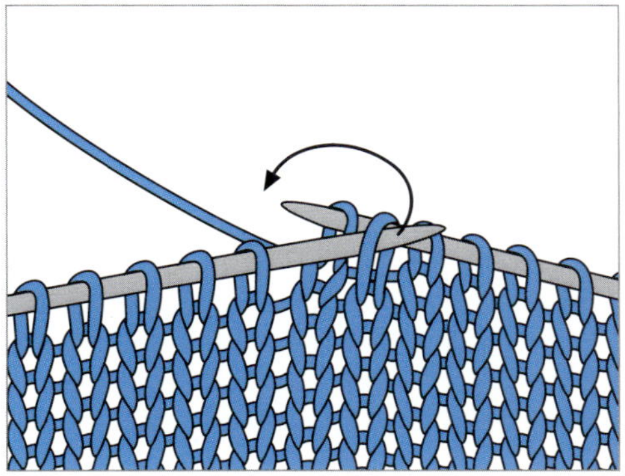

Die erste Masche der linken Nadel wie zum Rechtsstricken abheben, die folgende Masche rechts stricken und die abgehobene Masche darüberziehen.

3 Maschen überzogen zusammenstricken

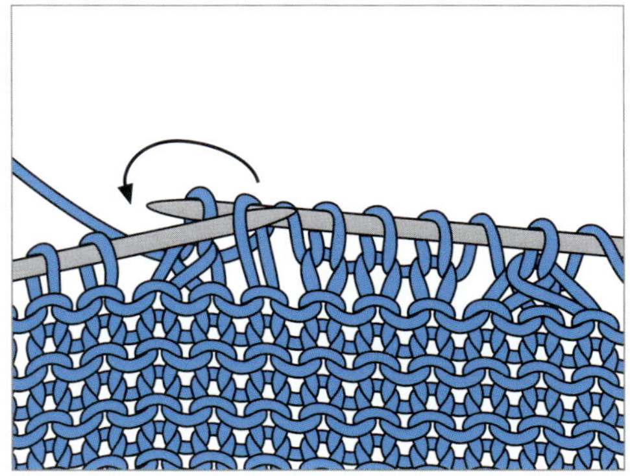

Eine Masche wie zum Rechtsstricken abheben, die beiden folgenden Maschen rechts zusammenstricken und die abgehobene Masche darüberziehen. In den Rückreihen wird diese Masche links gestrickt.

Verzopfung nach links

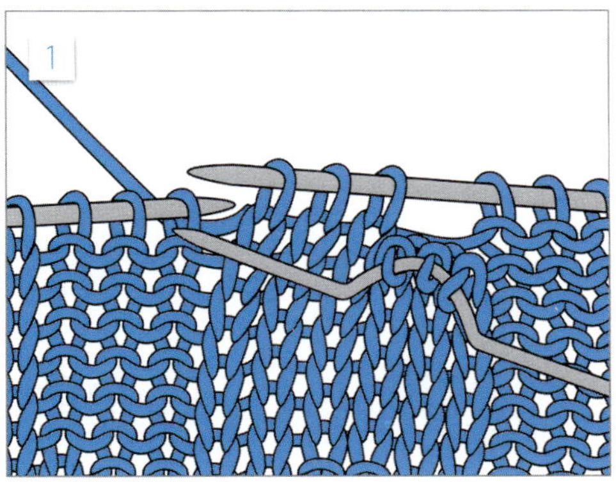

3 Maschen auf eine Zopfnadel nehmen und vor die Arbeit legen, die folgenden 3 Maschen der linken Nadel rechts stricken.

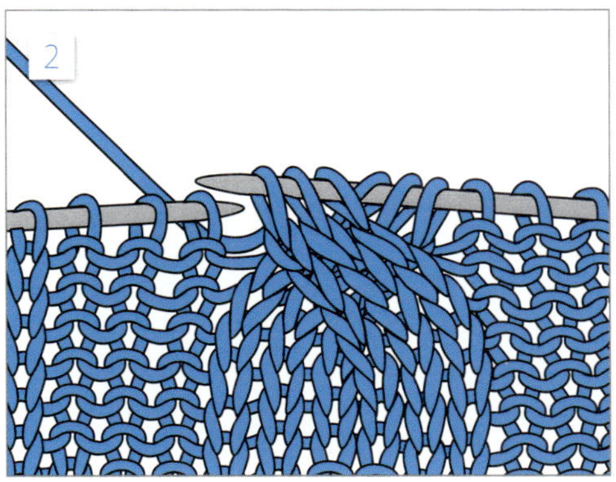

Dann die 3 Maschen der Zopfnadel rechts stricken.

Verzopfung nach rechts

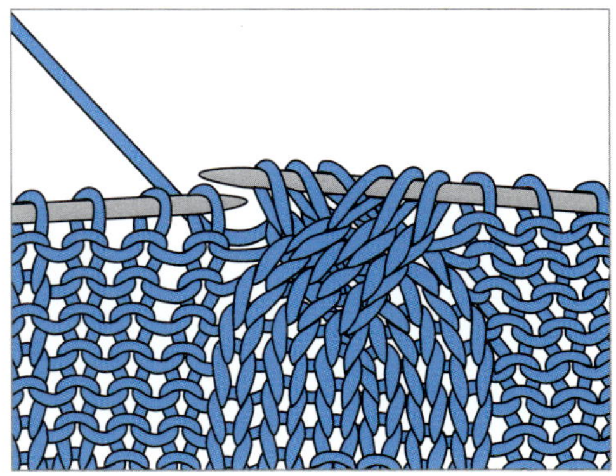

3 Maschen auf die Zopfnadel nehmen und hinter die Arbeit legen, die folgenden 3 Maschen der linken Nadel rechts stricken, dann die 3 Maschen der Zopfnadel rechts stricken.

Fransen

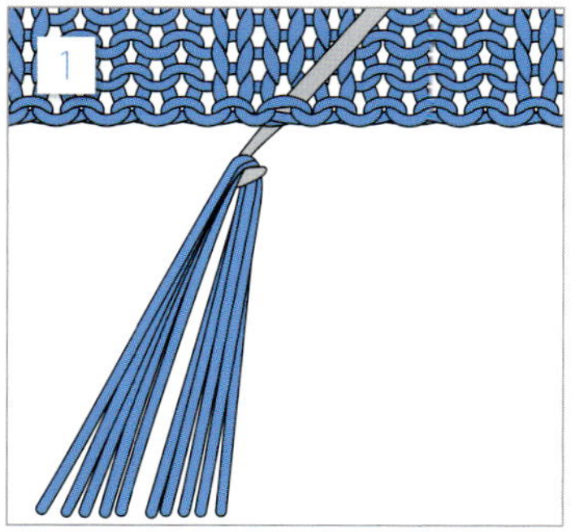

Für jede Franse Fäden laut Anleitung zuschneiden. Mit der Häkelnadel an der gewünschten Stelle von oben in das Gestrick einstechen.

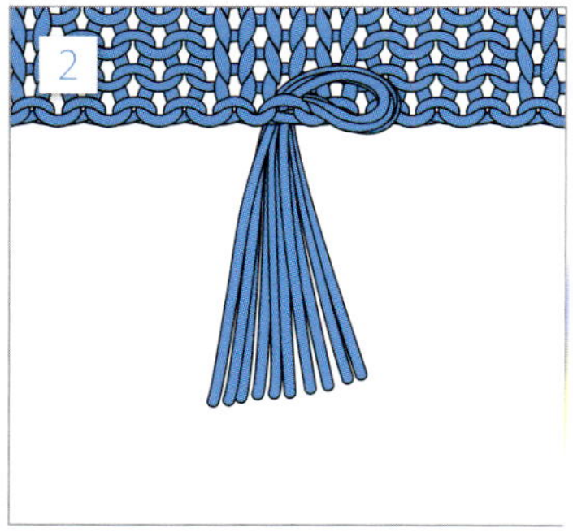

Die Fäden in der Mitte fassen und durch das Gestrick bzw. durch die Masche ziehen, sodass eine Schlinge entsteht.

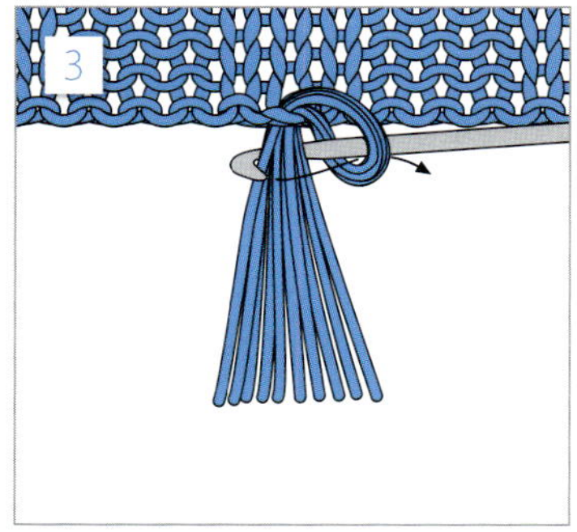

Mit der Häkelnadel von rechts nach links in die Schlinge einstechen, die Fäden fassen und durch die Schlinge ziehen. Fest anziehen.

Kanten umhäkeln

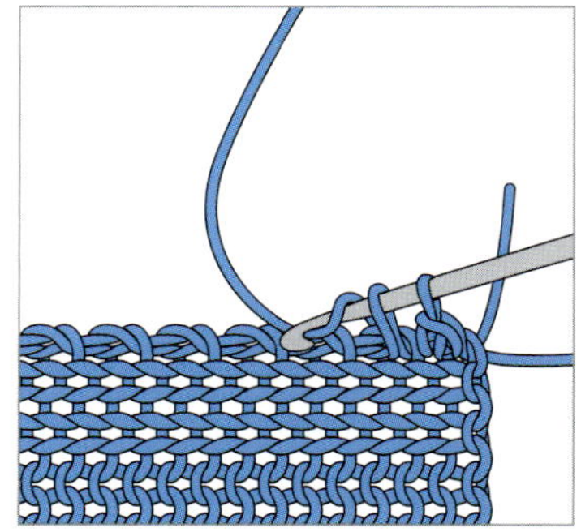

Mit der Häkelnadel über den Reihenenden zwischen Randmasche und 1. Masche oberhalb der Reihe einstechen und feste Masche häkeln. Damit sich der Rand nicht wellt, eventuell in regelmäßigen Abständen eine Reihe oder Masche übergehen.

Pompon

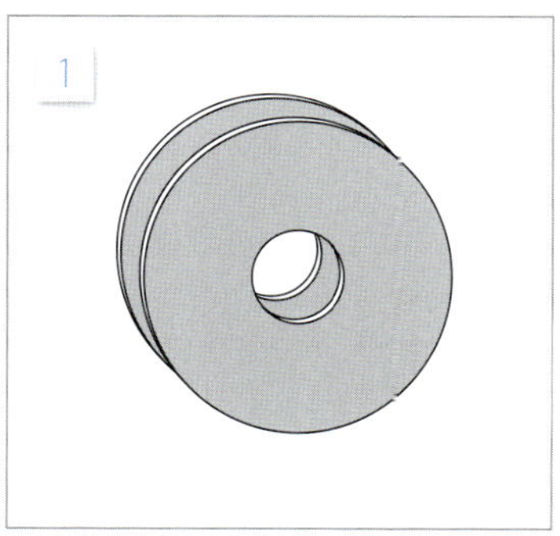

Aus fester Pappe 2 Kreise mit einem Durchmesser in der gewünschten Pompongröße ausschneiden. In die Mitte Löcher schneiden und die beiden Ringe aufeinanderlegen. Je größer das Loch in der Mitte, umso dichter wird der Pompon.

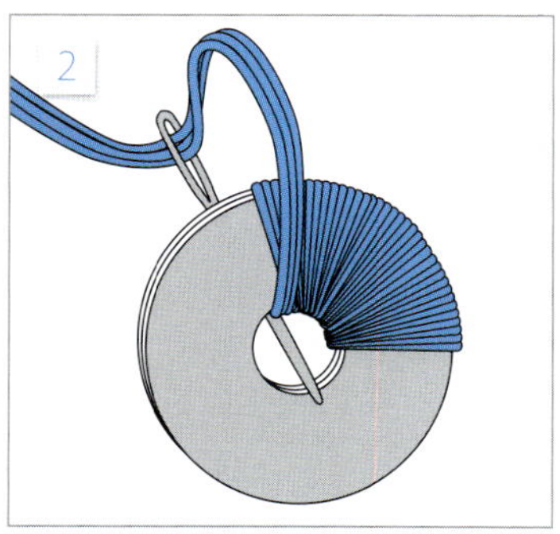

Garn mit einer Wollnadel durch die Mitte führen und so rundum die Ringe dicht umwickeln, bis das Loch in der Mitte gefüllt ist.

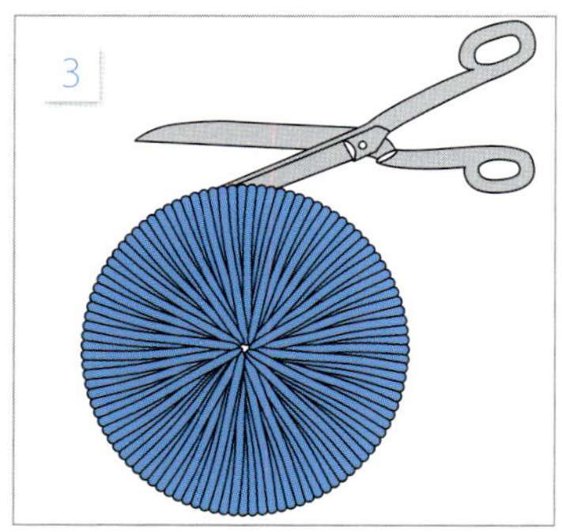

Mit einer Schere die Umwicklung vorsichtig am Rand zwischen den beiden Pappringen aufschneiden und die beiden Pappringe höchstens einen Zentimeter auseinanderziehen.

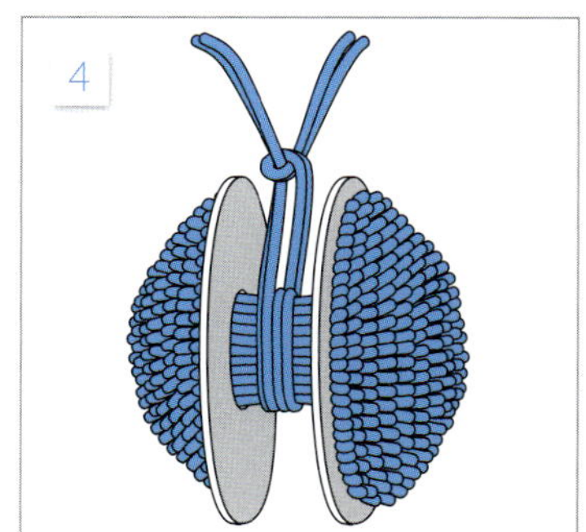

Den Pompon mit einem doppelten Faden zwischen den Pappringen fest abbinden und die Fäden gut verknoten. Mit diesen Fäden kann der Pompon später angenäht werden. Ringe entfernen und Pompon evtl. gleichmäßig einkürzen.

Jacquardmuster

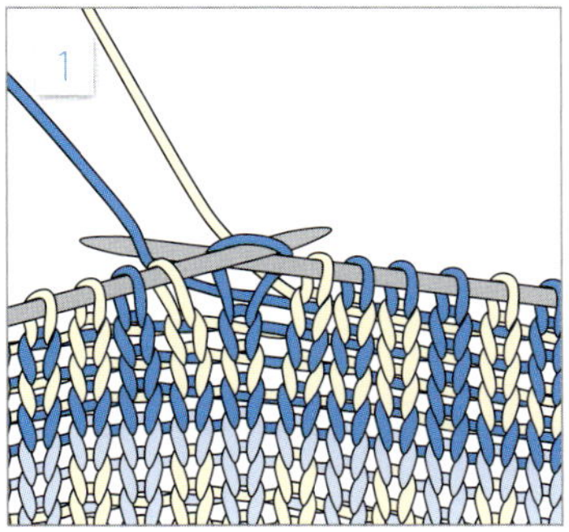

Die benötigten Fäden um den Zeigefinger der linken Hand wickeln. Nun die Maschen laut Zählmuster abstricken; den nicht benötigten Faden auf der Rückseite der Arbeit locker mitführen.

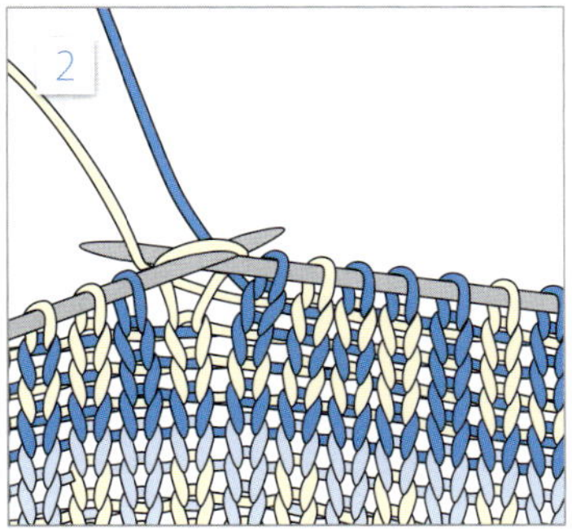

Beim Farbwechsel die Maschen auf der rechten Nadel etwas auseinanderschieben, sodass der neue Faden den richtigen Abstand erhält. Spannfäden sollen die andersfarbigen Maschen locker überbrücken, zu kurze Spannfäden ziehen das Gestrick zusammen.

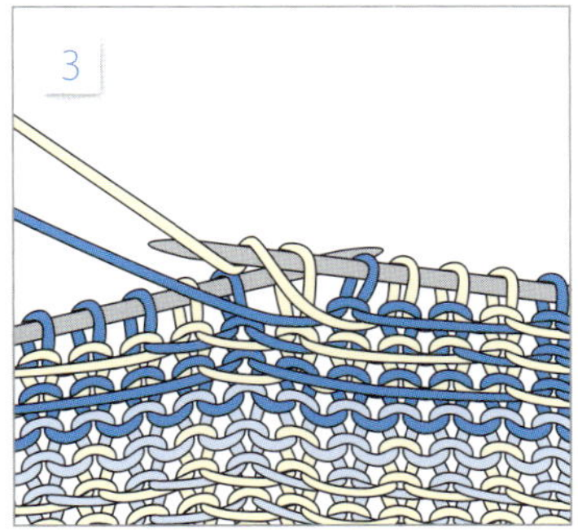

In den Rückreihen wird ebenso gearbeitet, die Fäden werden dann vor der Arbeit weitergeführt.

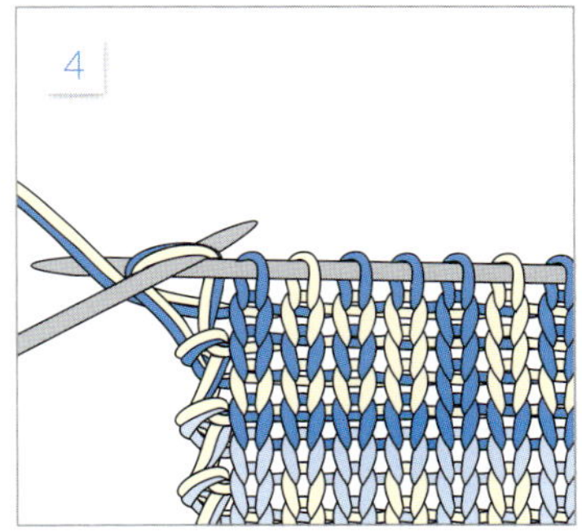

Um die Fadenspannung an den Rändern beizubehalten, werden die Randmaschen stets mit allen Fäden der Reihe gestrickt.

Verkürzte Reihen bei Glatt-rechts-Gestrick

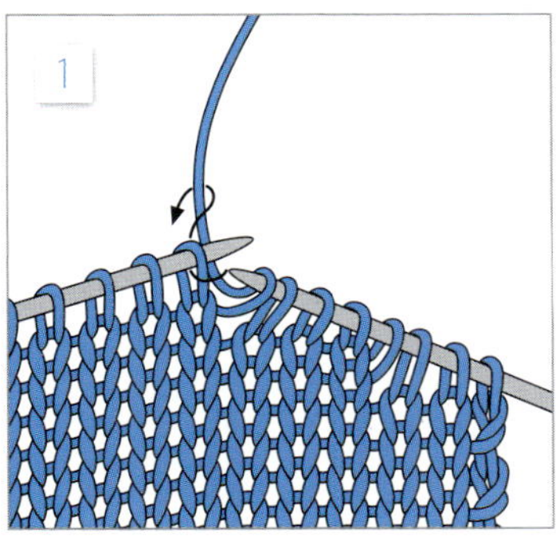

Bis zu den stillzulegenden Maschen stricken. Die Arbeit wenden und wie im Bild gezeigt 1 Umschlag von vorne nach hinten auf die rechte Nadel nehmen. Danach die Reihe zurückstricken. Wie viele Maschen stillgelegt werden, steht in der Anleitung.

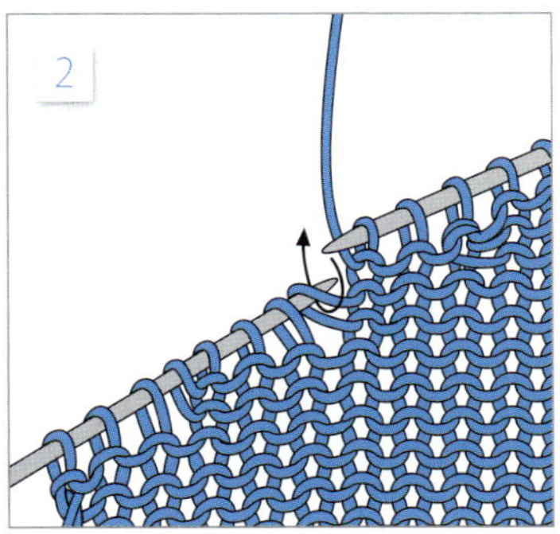

Wenn wieder über alle Maschen gestrickt werden soll, die Umschläge mit der folgenden Masche zusammenstricken. Dazu in Rückreihen bis zum Umschlag stricken, den Umschlag und die nachfolgende Masche nacheinander rechts abheben.

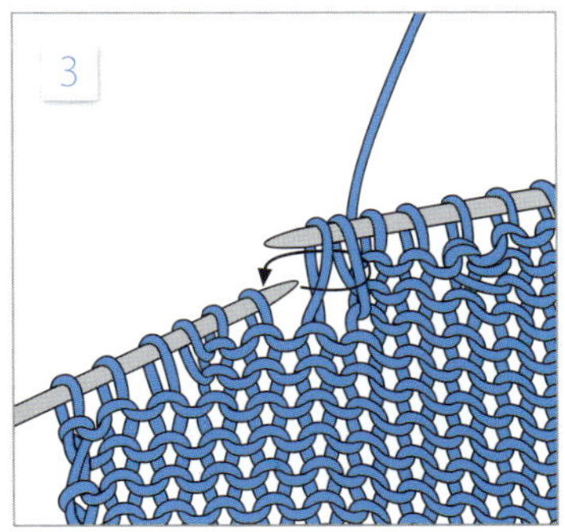

Anschließend mit der linken Nadel von rechts nach links gleichzeitig in den Umschlag und die Masche einstechen und beide zusammen wieder zurück auf die linke Nadel heben.

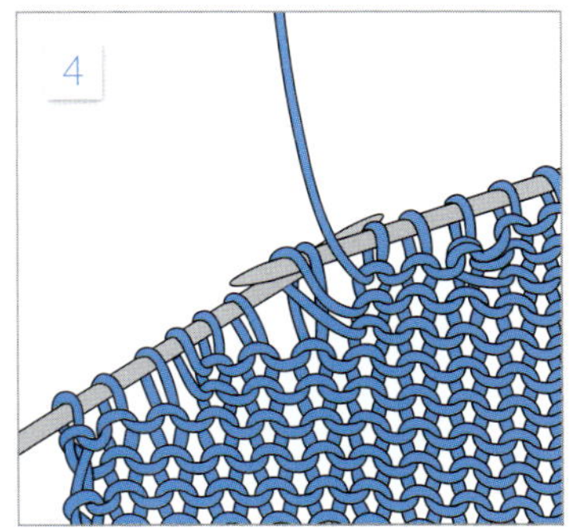

Die Masche liegt nun vor dem Umschlag auf der Nadel. Jetzt Masche und Umschlag links zusammenstricken. Wendeumschläge in Hinreihen stets mit der nachfolgenden Masche rechts zusammenstricken.

Form & Pflege

Ganz wichtig: die Maschenprobe!

Sie ist lästig, dennoch ist das Anfertigen einer Maschenprobe für das Gelingen eines Modells unerlässlich, weil auf ihr die Schnittmaße beruhen. Daher sollten Sie unbedingt prüfen, ob Sie mit der angegebenen Nadelstärke die gleichen Maße erreichen, die der Anleitung zugrunde liegen.

Schlagen Sie rund 6 Maschen mehr an, als in der Anleitung unter „Maschenprobe" angegeben und stricken Sie 12 bis 14 cm. Dann lassen sich die Maschen und Reihen in einem Rahmen von 10 x 10 cm gut zählen. Zeigt Ihre Maschenprobe mehr Maschen und Reihen als in der Anleitung angegeben, sollten Sie stärkere Nadeln verwenden. Sind es weniger, stricken Sie mit dünneren Nadeln. Praktisch: Das Probestück können Sie später verwenden, um die Wascheigenschaften der Wolle zu testen.

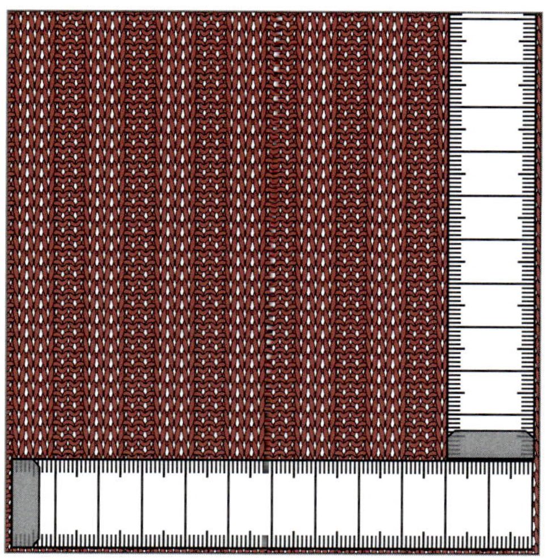

Maschen in Form bringen

Viele Strukturmuster sowie Zopf- und Jacquardmuster ziehen sich beim Stricken immer etwas zusammen. Deshalb sollten die Strickteile vor dem Zusammennähen in Form gebracht werden. Spannen Sie die Teile nach den Schnittmaßen mit Stecknadeln auf eine weiche , aber formstabile Unterlage, etwa eine Schaumstoffmatte oder eine Styroporplatte (es gibt im Fachhandel auch spezielle Spannmatten). Dann bedecken Sie die Teile mit feuchten Tüchern und lassen sie liegend trocknen. So erhalten die Teile eine maßgerechte Form, ohne dass die Muster „platt" wirken.

Wenn Jacquardmuster sich zusammenziehen oder unregelmäßig wirken, kann man sie ein wenig in Form ziehen, dann ein feuchtes Tuch auflegen und vorsichtig auf Wollstufe leicht dämpfen.

Die wichtigsten Pflegesymbole

- Normalwaschgang
- Schonwaschgang
- Handwäsche
- nicht waschen
- Chlorbleiche nicht möglich
- nicht heiß bügeln
- nicht bügeln
- Standardreinigung
- Reinigungsverfahren für empfindliche Textilien
- keine chemische Reinigung
- schonendes Trocknen im Trockner (max. 60°C)
- Trocknen im Trockner nicht möglich

Garnkunde

Merino

Merino gehört zu den klassischen Standardgarnen und ist in vielen Stärken und riesiger Farbauswahl erhältlich. Ob als reine Merinowolle oder mit Beimischung von Polyacryl – der gleichmäßig weiche Faden hat einen weichen Griff und lässt Zopf- und Strukturmuster perfekt zur Geltung kommen.

Mohair

Mohair wird aus dem langen lockigen Fell der Angoraziege gewonnen, stammt es von Jungtieren, darf sich die Faser Kid Mohair nennen. Mohair filzt zwar nicht, ist aber wenig strapazierfähig. Daher wird es immer zusammen mit Schurwolle, Viskose, Seide und/oder Polyacryl zum Garn versponnen.

Kaschmir

Kaschmir ist superweich und wärmend. Da das Auskämmen des Haarkleids der Kaschmirziege pro Saison aber nur wenig Wolle bringt, ist Kaschmir exklusiv und teuer. Im Strickgarn wird es meist mit Merinowolle versponnen oder, wie hier, zum Schlauchgarn verarbeitet, das perfekt über die Nadel gleitet.

Dochtgarn

Dochtgarn liegt im Trend, weil es nur locker gedreht wurde und dadurch einen weichen Griff hat. Es ist in vielen Zusammensetzungen möglich, etwa als Schurwolle mit Kunstfaser oder mit Mohair, Baby-Alpaka und Bambus. Die Farbpalette ist riesig, sowohl bei den einfarbigen als auch bei den Multicolor-Tönen.

Fransengarn

Fransengarn setzt auf Effekte – zum Beispiel an Blenden oder Passen. Damit Fransengarne leicht bleiben, sind sie meist aus Polyester oder Mikrofaser, auch schon mal mit Schurwollbeimischung. An einem dünnen Basisfaden hängen Fransen, die dem Gestrick eine kuschelweiche Fell- oder Pelz-Optik verleihen.

Flammengarn

Flammengarn ist eigentlich ein Dochtgarn, das anstelle eines gleichmäßig dicken Fadens abwechselnd dünnere und dickere Stellen aufweist. Die dickeren werden „Flammen" genannt und lassen das Gestrick leicht unregelmäßig aussehen, vor allem wenn die Flammen durch abweichende Färbung betont sind.

Impressum

Konzept, Entwurf, Realisation und Text: Birgit Rath-Israel
Fachkorrektur: Brigitte Conrad
Lektorat: Maria Bley
Redaktion: Angelika Klein
Fotografie: Florian Bilger
Styling: Peggy Kummerow
Lehrgangszeichnungen: Brigitte Fischer
Technische Zeichnungen: Carsten Bachmann
Umschlaggestaltung: Yvonne Rangnitt
Satz: GrafikwerkFreiburg
Reproduktion: Meyle + Müller GmbH & Co. KG, Pforzheim
Druck und Verarbeitung: Bilnet Printing, Istanbul

ISBN 978-3-8410-6119-5
Art.-Nr. OZ6119

Herstellerverzeichnis

Garne

- Lana Grossa, Gaimersheim, www.lanagrossa.de (S. 13, 16, 26 und 42)
- ONline Klaus Koch GmbH, Stadtallendorf, www.online-garne.de (S. 6, 19, 22, 28, 39 und 50)
- Austermann (über Schoeller und Stahl), www.austermann-wolle.de (S. 30 und 46)
- Schoeller Süssen GmbH, www.schoeller-wool.com (S. 10)
- Junghans Wollversand GmbH & Co. KG, Aachen, www.junghanswolle.de (S. 33 und 36)

Knöpfe

- Dill GmbH & Co. KG, Bärnau/Bayern, www.dill-buttons.com (S. 10, 13, 22 und 42)

Den folgenden Garnherstellern dankt die Autorin für ihre Unterstützung und Beratung bei der Garnauswahl: Online, Lana Grossa, Austermann, Schoeller + Stahl, Junghans Wollversand.

Kreativ-Service

Sie haben Fragen zu den Büchern und Materialien? Frau Erika Noll ist für Sie da und berät Sie rund um alle Kreativthemen. Rufen Sie an! Wir interessieren uns auch für Ihre eigenen Ideen und Anregungen. Sie erreichen Frau Noll per E-Mail: **mail@kreativ-service.info** oder Tel.: **+49 (0) 5052 / 91 18 58** Montag bis Donnerstag: 9–17 Uhr / Freitag: 9–13 Uhr

Besuchen Sie uns im Internet: www.christophorus-verlag.de